O Princípio Jurídico de Subsidiariedade
Reflexos de sua Aplicação no Âmbito da Pessoa Humana e do Estado

Ivan Clementino de Souza

Doutorando em Direito pela PUC/SP. Mestre em Direito pela UNIVEM/SP. Pós-Graduado em Direito Constitucional pela ESDC/SP. Atualmente é Coordenador do Curso de Direito da UNESULBAHIA. Foi professor da Universidade do Oeste Paulista – UNOESTE, nas disciplinas de Penal e Processo Penal; da Fundação de Ensino Eurípides Soares da Rocha – UNIVEM – Marília/SP, nas disciplinas de Ciência Política e Teoria Geral do Estado, Direito Constitucional, Processo Penal e Crimes contra Ordem Econômica e Tributária; da Faculdade de Direito da Alta Paulista - FADAP, na disciplina de Direito Processual Penal; do curso de Graduação e Pós-Graduação em Direito da UNESC, nas disciplinas de Direito Processual e Direito Penal Econômico e Tributário. Advogado e parecerista, atua na área de Direito Público, com ênfase em Direito Constitucional, Direito Penal e Processual Penal e Crimes contra Ordem Econômica e Tributária.

O Princípio Jurídico de Subsidiariedade
Reflexos de sua Aplicação no Âmbito da Pessoa Humana e do Estado

EDITORA LTDA.
© Todos os direitos reservados

Rua Jaguaribe, 571
CEP 01224-003
São Paulo, SP – Brasil
Fone: (11) 2167-1101
www.ltr.com.br
Novembro, 2016

Projeto Gráfico e Editoração Eletrônica: Peter Fritz Strotbek – The Best Page
Projeto de Capa: Fabio Giglio
Impressão: Pimenta Gráfica e Editora

Versão impressa: LTr 3467.7 – ISBN 978-85-361-9029-7
Versão digital: LTr 9047.9 – ISBN 978-85-361-9040-2

Dados Internacionais de Catalogação na Publicação (CIP)
(Câmara Brasileira do Livro, SP, Brasil)

Souza, Ivan Clementino de
 O princípio jurídico de subsidiariedade : reflexos de sua aplicação no âmbito da pessoa humana e do Estado / Ivan Clementino de Souza. — São Paulo : LTr, 2016.

 Bibliografia.

 1. Subsidiariedade I. Título.

16-05227   CDU-340.11

Índice para catálogo sistemático:

1. Princípio da subsidiariedade : Direito   340.11

Sumário

Apresentação — *Lafayette Pozzoli* 11

Prefácio — *Oswaldo Giacoia Junior* 13

Introdução 17

Capítulo 1 — Conceitos de Pessoa, Indivíduo e sua Distinção 21
1.1. Distinção clássica entre Indivíduo e Pessoa e o Princípio de Subsidiariedade 21
1.2. Sobre o conceito de pessoa... 22
1.3. Distinção entre indivíduo e pessoa 30
1.4. Autonomia e subsidiariedade 36

Capítulo 2 — Hermenêutica de Subsidiariedade 39
2.1. Análise etimológica e noção de subsidiariedade 40
2.2. Evolução histórica e construção dogmática... 43
    2.2.1. Origem filosófica, sociológica e política 43
    2.2.2. Subsidiariedade na Doutrina Social da Igreja...................................... 49
    2.2.3. Expressão em textos jurídicos 55

Capítulo 3 — Hermenêutica de Princípios 64
3.1. Conceito e análise etimológica: norma, regra e princípio 65
3.2. Critérios para distinção entre princípios e regras... 67
3.3. A subsidiariedade é princípio? 71
3.4. Relação com os demais princípios 73
3.5. O princípio de subsidiariedade e o princípio da proporcionalidade............. 76

Capítulo 4 — O Princípio de Subsidiariedade no Mundo Globalizado ... 79
4.1. Princípio de subsidiariedade e o Estado supranacional................................ 80

Conclusão... 87

Anexo I 89

2. Protocolo relativo à aplicação dos princípios da subsidiariedade e da proporcionalidade 89

Referências Bibliográficas 91

Documentos 96

"A humana personalidade é o grande mistério metafísico. Sabemos que o cunho essencial de uma civilização digna desse nome é o senso e o respeito da dignidade da pessoa humana; sabemos que para defender os direitos da pessoa humana, como para defender a liberdade, convém estarmos prontos a dar a vida."

Jacques Maritain

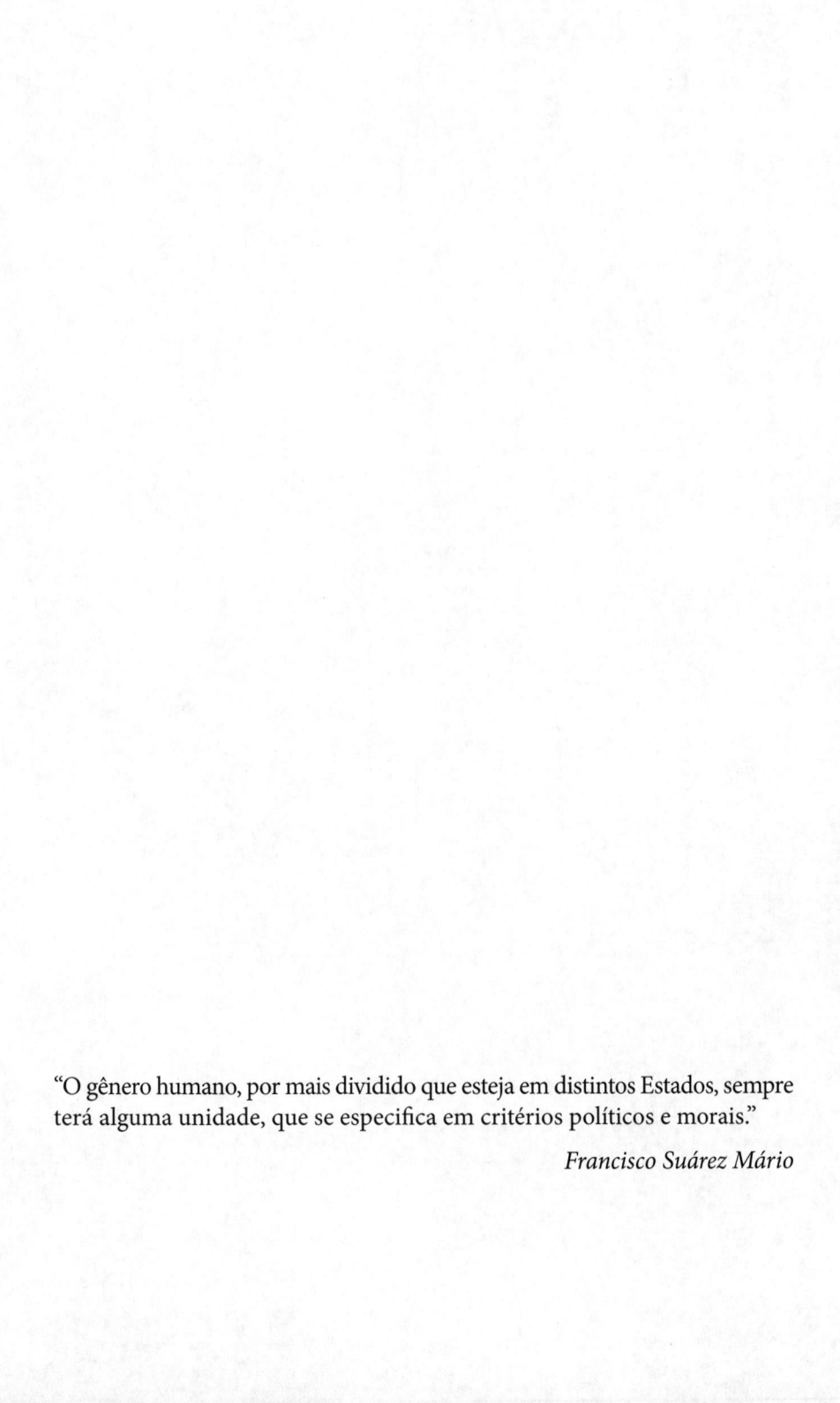

"O gênero humano, por mais dividido que esteja em distintos Estados, sempre terá alguma unidade, que se especifica em critérios políticos e morais."

Francisco Suárez Mário

Apresentação

O livro do Professor Ivan Clementino de Souza — "O Princípio Jurídico da Subsidiariedade: reflexos de sua aplicação no âmbito da pessoa humana e do Estado" — representa uma importante conquista para a escassa literatura da área. Um trabalho produzido no seio do Mestrado em Direito do UNIVEM — Centro Universitário Eurípides de Marília — gerando uma dissertação e agora sendo transformado em livro para que a comunidade possa tomar conhecimento e aplicar a pesquisa à realidade.

O Professor Ivan é um pesquisador empenhado e criativo. De forma dinâmica, busca sempre respostas necessárias ao trabalho. Como docente, que muito lhe ajuda nas atividades de pesquisa, tem desenvolvido um serviço de grande utilidade para a sociedade.

O assunto é atual. Trata-se de um estudo sobre o princípio da subsidiariedade, um princípio jurídico, que está presente no Tratado de Maastricht, de 1992, e que transformou as Comunidades Europeias em União Europeia —UE. Mais tarde os organizadores da Constituição Europeia, dependente ainda de convalidação por parte de alguns países da UE, consignaram o referido princípio na própria Constituição da UE, inserindo um protocolo específico.

A análise do livro levará o leitor a um melhor entendimento do conceito que envolve o princípio da subsidiariedade. Vale lembrar, também, que este livro aponta para um trabalho necessário no século XXI, ou seja, incentivar a publicação de pesquisas elaboradas com cautela, como é o caso da presente obra. Por outro lado, no campo do conhecimento jurídico se faz necessária uma maior definição e difusão de conceitos jurídicos, que devem estar presentes no dia a dia do cidadão brasileiro e do latino-americano, considerando o processo de integração da América Latina em curso e a importância do princípio da subsidiariedade (e na sua interação com o princípio da proporcionalidade) na sua concretização.

Enfim, poder apresentar o presente livro é acreditar, como acreditou seu autor, que a pesquisa possa estar ajudando na construção do saber jurídico. Portanto, é com o espírito de quem sempre amou o Direito como instrumento fundamental na construção da paz e da justiça no mundo que temos a satisfação de apresentar este livro.

Lafayette Pozzoli

Prefácio

Originalmente concebido como projeto de dissertação de mestrado no programa de pós-graduação em Direito do Centro Universitário Univem, da Fundação de Ensino "Eurípedes Soares da Rocha" em Marília (SP), o presente estudo a respeito do princípio de subsidiariedade, não apenas foi levado à exitosa defesa pública perante a banca examinadora em 2005, como também ultrapassou de modo inequívoco os limites do atual enquadramento acadêmico do mestrado *stricto sensu*.

Com efeito, Ivan Clementino de Souza realiza um trabalho de grande fôlego teórico, que não somente sustenta a inserção do princípio de subsidiariedade como princípio nos sistemas constitucionais dos estados de direito contemporâneos, entendendo-a na chave de um mandato de otimização, como também leva a efeito um exame acurado acerca da ponderação do peso específico do aludido princípio em face dos demais princípios fundamentais da ordem constitucional, como, por exemplo, aquela da dignidade da pessoa humana e do bem comum, ultrapassando o plano hoje restrito dos estados nacionais soberanos para refletir sobre a subsidiariedade no âmbito mais amplo, elevado e atual da ordem constitucional internacional. Trata-se, pois, de um dos primeiros trabalhos brasileiros a ampliar os horizontes da reflexão sobre o princípio de subsidiariedade para o plano dos organismos supranacionais, tomando por base e modelo histórico concreto da comunidade europeia.

Dada a estreita conexão, tematizada desde o início do trabalho, entre o princípio de subsidiariedade e a exigência de respeito pela autonomia, independência e dignidade da pessoa humana, Ivan Clementino de Souza se compromete, com uma abordagem filosófica do conceito de pessoa e indivíduo na tradição histórica e filosófica ocidental, para depois poder demonstrar como a subsidiariedade, enquanto princípio, assegura o elemento fulcral da personalidade, a saber aquela autonomia que constitui a razão de ser do valor absoluto da pessoa, que a distingue de toda outra coisa existente na natureza, a saber, sua dignidade e a liberdade a ela inextricavelmente associada. Nesse périplo teórico, o autor revisita com enorme proveito importantes correntes do humanismo contemporâneo, bem como a neoescolástica e o neo-tomismo de Jacques Maritain, o personalismo de Emanuel Mounier, sem descuidar de uma abordagem histórica acerca do surgimento das figuras do indivíduo e da pessoa em nossa sociedade ocidental.

Tais fontes constituem parte da base de sustentação para a tese de acordo com a qual o princípio de subsidiariedade favorece o equilíbrio entre o poder público, por um lado, e a esfera privada de particulares e as modalidades diversas de organizações associativas intermediárias situadas entre o indivíduo e o Estado por outro lado, garantindo assim o espaço de atuação autônoma de indivíduos e grupos. Nesse mesmo contexto situa-se, a meu ver, um dos maiores méritos deste trabalho, quando o autor — sem descurar do escopo da especificidade jurídica de sua investigação — dedica-se a um acurado exame das origens históricas, filosóficas e sociológicas da noção de subsidiariedade, além de brindar o leitor com um capítulo extremamente interessante sobre a importância da subsidiariedade na doutrina social da Igreja Católica, justamente sob o ângulo da relação dessa doutrina com os problemas cardinais da filosofia social e política do mundo contemporâneo, sem jamais enveredar pelo terreno minado das profissões de fé dogmáticas.

Cabe aqui, dada a relevância da fonte, sua atualidade surpreendente e a lucidez do diagnóstico, uma transcrição da Encíclica *Pacem in Terris*, do Papa João XXIII, que representou um marco fundamental para o pensamento ético, social e político contemporâneo, documento seminal tão bem explorado por Ivan Clementino de Souza em apoio à sua própria tese a respeito do princípio de subsidiariedade: "Como as relações entre os indivíduos, famílias, organizações intermediárias e os poderes públicos das respectivas comunidades políticas devem estar reguladas e moderadas, no plano nacional, segundo o princípio de subsidiariedade, assim também à luz do mesmo princípio, devem disciplinar-se as relações dos poderes públicos de cada comunidade política com os poderes públicos da comunidade mundial. Isto significa que os problemas de conteúdo econômico, social, político ou cultural a serem enfrentados e resolvidos pelos poderes públicos da comunidade mundial hão de ser da alçada do bem comum universal, isto é, serão problemas que pela sua amplidão, complexidade e urgência, os poderes públicos de cada comunidade política não estejam em condições de afrontar com esperança de solução positiva. Os poderes públicos da comunidade mundial não têm como fim limitar a esfera de ação dos poderes públicos da comunidade política e nem sequer de substituir-se a eles".

A importância da subsidiariedade, como condição e garantia da autonomia de indivíduos e grupos e comunidades intermediárias em relação a centros tradicionais de exercício de poder, foi uma das preocupações e conquistas mais relevantes do direito canônico ocidental, materializado sobretudo na Doutrina Social da Igreja Católica, que Ivan Clementino de Souza resgata, mormente em sua relação essencial com as Encíclicas que marcaram os rumos da história social moderna e contemporânea.

Uma vez que o trabalho postula para a subsidiariedade o *status* jurídico de princípio constitucional, assume com isso o ônus de examiná-lo em relação e ponderação com os demais princípios que embasam a ordem constitucional dos Estados modernos, em particular com o princípio da proporcionalidade. Esse exame, feito com lucidez e consistência, que inclui um tratamento da doutrina dos princípios, de seu conflito potencial e de sua ponderação, realizado em perfeita consonância com o estado atual da arte nesse campo de pesquisa, constitui uma significativa contribuição brasileira para a discussão de um problema teórico de grande relevância e atualidade tanto para o direito constitucional como para o direito internacional e para a filosofia do direito.

Por fim, atento ao irreversível fenômeno da globalização e da formação dos blocos supranacionais, das formas multilaterais de organização política no mundo contemporâneo, o trabalho se volta para a importância da subsidiariedade no horizonte político cosmopolita, que Kant já vislumbrava na perspectiva de uma constituição jurídica de fundamento republicano, que assegurasse a liberdade e fundasse a paz perpétua entre os Estados, reconhecendo tanto o espaço de autonomia de cada um deles, como o plano mais amplo da ordem jurídica supranacional — numa impressionante antevisão do que seria hoje nossa tendência real à formação de blocos e unidades multi e supranacionais, de que a comunidade europeia talvez seja o exemplo mais eloquente. Por essa razão, a decisão de Ivan Clementino de Souza por alargar sua reflexão sobre a subsidiariedade para inseri-la nas coordenadas dos Estados supranacionais, no âmbito do que o jusfilósofo Ottfried Höfe apropriadamente denominou de república mundial, representa mais um ousado e inovador contributo para o tratamento de problemas que nos afetam tanto no âmbito de nosso ordenamento jurídico nacional, quanto naquele de nossa desejada inserção paritária no mundo da globalização.

Essas, entre outras razões, justificam o convite para a leitura desta obra, que só poderá ser de enorme proveito e interesse tanto para o jurista como para todos aqueles que estão em sintonia com questões fundamentais da cultura, da sociedade, do direito e da política contemporânea.

Oswaldo Giacoia Junior

Introdução

O princípio de subsidiariedade, para os interesses desta dissertação, implica, inicialmente, no reconhecimento do ser humano como pessoa, como ser autônomo, consciente do seu espaço de autonomia e apto a assumir sua responsabilidade como participante ativo na relação com o poder público. Consiste também no pressuposto da dignidade humana não subjugar a capacidade da personalidade. É a pessoa ocupando a base da cadeia de subsidiariedade.

Portanto, consideramos imprescindível o desenvolvimento dos conceitos de indivíduo, pessoa e autonomia como pontos de partida básicos do trabalho.

A partir do conceito originário de pessoa, passamos a fazer uso da noção pós-renascentista de autonomia, como noção que sustenta a existência e aplicação do princípio de subsidiariedade, como um dos seus elementos essenciais.

Assim, é admissível pensar numa relação de respeito e reconhecimento de um conjunto social sobre o outro conjunto social, de modo que uma sociedade de ordem superior não interfira excessivamente na esfera de autonomia de uma sociedade de ordem inferior, mas sempre como uma atuação subsidiária.

Isso porque a subsidiariedade tem por essência o estabelecimento de uma relação equilibrada entre o poder público e a esfera privada, representada inicialmente pela pessoa, visando ao atendimento das demandas sociais de modo mais eficiente, observando sempre os valores e vontades da pessoa humana. A pessoa, como principal ente dessa relação, tem essencialmente o direito à existência digna, caso contrário não poderá fazer uso de seu *status* pessoal.

Por outro lado, a subsidiariedade exige que a pessoa se torne sujeito ativo, se organize em grupos ou movimentos para criar "obras" capazes de responder a suas necessidades. Essa iniciativa da pessoa é o mais íntimo fundamento da subsidiariedade. Trata-se da própria valorização da iniciativa pessoal.

Partindo dessas premissas, dedicamos o Capítulo 1 a uma formulação do conceito de pessoa e sua distinção com relação ao conceito de indivíduo. No mesmo capítulo, mais precisamente no item 1.4, explicitamos a articulação do conceito de autonomia kantiano com a noção de subsidiariedade, reconhecendo a pessoa como um sujeito livre e autônomo, e vinculando esses conceitos como base para a vigência do princípio de subsidiariedade.

No Capítulo 2, propomos uma análise hermenêutica da subsidiariedade, posto que, como princípio, constitui uma noção que requer grande esforço para sua compreensão; por isso investigamos suas diversas origens, reconhecendo sua existência na filosofia, sociologia e ciência política, antes de figurar propriamente como princípio jurídico no âmbito do federalismo e do direito comunitário europeu.

No mesmo Capítulo, no subitem 2.2.2, pretendemos evidenciar a presença e o funcionamento, em termos conceituais, do princípio de subsidiariedade nos textos da Doutrina Social da Igreja, ou seja, como o princípio de subsidiariedade pode ser expresso como conceito nas encíclicas, e como, de certa forma, existe uma práxis da subsidiariedade na Doutrina Social da Igreja, que encontra forte respaldo — teórico doutrinário — não apenas no humanismo moderno, mas sobretudo na fonte matricial da própria Doutrina Social da Igreja, a saber, na filosofia de Boécio, passando por Tomás de Aquino e influenciando ainda na composição da filosofia humanista de Maritain e no personalismo de Mounier.

Em função disso, a ligação entre subsidiariedade e humanismo se dá propriamente pela proposta da modernidade que os direitos humanos contêm e desenvolvem, ou seja, na noção de pessoa, de um sujeito que é indivíduo, é cidadão, cujas condições de existência precisam ser tratadas de maneira digna.

Ressaltamos, todavia, que o humanismo cristão e o personalismo não são aqui colocados como a base teórica exclusiva e suficiente para sustentar a existência do princípio de subsidiariedade, mas como contribuição para posterior formulação jurídica do princípio.

As próprias encíclicas são tratadas nesta dissertação unicamente como fontes documentais, não como precursoras do princípio de subsidiariedade, mas como respostas às questões colocadas num recorte das demandas sociais da época, e que acabam por contribuir para uma consolidação jurídico-dogmática do princípio.

No Capítulo 3, tratamos da questão principiológica da subsidiariedade, tratamento que constitui o núcleo do trabalho. Isso significa formular alguns questionamentos e tentar respondê-los: o que é a subsidiariedade? Qual o seu estatuto como princípio? Em vista das contribuições da Doutrina Social da Igreja, constitui o princípio de subsidiariedade um princípio teológico ou jurídico?

No Capítulo 4, como conclusão, pretendemos demonstrar como essas questões ligadas ao conceito de subsidiariedade ressurgem num mundo globalizado, com as organizações supranacionais, tornando extremamente atual a discussão acerca do princípio, já que falar na subsidiariedade significa hoje imaginar um imenso processo de globalização e reestruturação da ordem política mundial.

Pretendemos mostrar, ao mesmo tempo, como o princípio de subsidiariedade pode funcionar como mecanismo regulador das instâncias sociais, e sobretudo na relação entre Estados nacionais e Estado supranacional, haja vista que numa comunidade de direito não se pode negar os espaços de exercício de autonomia.

Na contemporaneidade, diante da nova configuração da ordem global, e sendo o princípio de subsidiariedade um princípio jurídico, perguntamos em que medida é capaz de ajudar na construção de novas formas históricas de Estado, como princípio legitimador de uma nova ordem política global, atuando sobretudo na manutenção das conquistas dos estados democráticos de direito.

Capítulo 1

Conceitos de Pessoa, Indivíduo e sua Distinção

1.1. Distinção clássica entre Indivíduo e Pessoa e o Princípio de Subsidiariedade

Uma organização política é formada por várias partes, e mesmo havendo um grau de hierarquia entre elas, é possível que cada uma atue autonomamente. Assim, a base da diversidade caracteriza-se pela união de todos, no reconhecimento da atuação de uma totalidade maior, convivendo com totalidades menores.

Dessa forma, o equilíbrio entre o poder público, a ação das pessoas que compõem o Estado, e a atuação das associações intermediárias[1], concorre para o aumento da eficácia do próprio Estado no cumprimento das suas funções, bem como na realização dos valores inerentes à pessoa humana.

Esse relacionamento entre pessoa, Estado e associações intermediárias é composto exatamente pelo estabelecimento dos limites para a atuação individual e, concomitantemente, dos limites fixados ao papel do poder público, evitando, dessa forma, que haja excesso, o que acarretaria efeitos nocivos para as iniciativas individuais, restringindo desnecessariamente sua autonomia.

Para os fins desta dissertação, definir os conceitos de indivíduo, pessoa, e sua distinção, e posteriormente o conceito de autonomia atrelado à vigência do princípio de subsidiariedade, é tarefa necessária num primeiro momento, para que a convivência entre o todo maior e o todo menor possa ser devidamente explicitada em seus termos fundamentais.

Essa discussão envolve necessariamente o estabelecimento da liberdade individual face à atuação do poder público, considerando que o indivíduo não é um ente meramente negativo e passivo dentro dessa relação, mas um protagonista ativo.

Para uma ampla compreensão da inserção do princípio de subsidiariedade sob a perspectiva da distinção aqui proposta, acentuamos que o princípio de subsidiariedade

---

(1) Na sociedade as pessoas se organizam em grupos e movimentos dentro de um contexto de afinidades, para responder às necessidades profundas e às exigências originárias de cada pessoa. Esse é o fenômeno que se costuma chamar de "sociedades intermediárias" ou "associações intermediárias". Sempre que mencionarmos essa expressão, é esse o sentido que pretendemos atribuir a ela.

"não está ligado a considerações acerca do indivíduo, puramente considerado e irrealisticamente abstrato. Toma-o como pessoa "situada", isto é, espontaneamente emergente de um conjunto de sociedades".[2]

Portanto, é da natureza do princípio de subsidiariedade concorrer para o desenvolvimento de um ambiente propício ao exercício da autonomia individual, considerando o indivíduo como pessoa, que deverá ter a possibilidade de realizar os seus anseios de dignidade, característicos da própria essência racional humana.

Além do reconhecimento de espaço de autonomia individual, não podemos considerar apenas a pessoa singular, ou particular, mas também as diferentes espécies de sociedade que compõem o todo maior, quais sejam: a família, representando a categoria de sociedade natural, as associações intermediárias, formadas por grupos de pessoas no intuito de responder mais eficazmente às suas necessidades e exigências originárias, o Estado como representação do poder público e hodiernamente a união de vários Estados nacionais compondo o que se pode denominar ordem jurídico-política supranacional.

A vigência do princípio de subsidiariedade está inteiramente ligada ao reconhecimento de espaços de autonomia e, portanto, à valorização da pessoa humana, identificando-se, por vezes, com os fundamentos próprios do pensamento humanista.

Com base na filosofia humanista, cujo valor fundamental é o da dignidade da pessoa humana, mas também com base na transcendência cristã e nas reflexões de ordem kantiana, é que estabelecemos o elo entre os conceitos acima mencionados.

Por um lado temos o indivíduo livre e racional, consciente do seu espaço de autonomia e por outro lado a vigência do princípio de subsidiariedade, como princípio jurídico-moral de aplicação em âmbito estatal e até mesmo supraestatal. É nesse marco que situamos nossa reflexão e desenvolvemos nossa argumentação.

1.2. Sobre o conceito de pessoa

Encontrar na Antiguidade o conceito de pessoa com o sentido que lhe atribuímos modernamente é algo extremamente difícil. Na Grécia Antiga, o homem era considerado um animal político pela sua própria condição natural, ou seja, a inclinação para a vida em sociedade era considerada inerente à existência humana, não importando o indivíduo ou pessoa, mas exclusivamente o coletivo, ou seja, a comunidade.

---

(2) BARACHO, José Alfredo de Oliveira. *O princípio de subsidiariedade:* conceito e evolução, p. 52. O autor esclarece que "o termo aí empregado não tem conotação particular, a fim de evitar a clássica polêmica sociedade/comunidade. Essas sociedades são de naturezas diferentes: sociedades naturais (a família, qualquer que seja a sua tipologia ou economia); empresa, no sentido elementar do termo, com a associação de duas ou várias pessoas, visando ao bem comum; sociedades que se bastam a si mesmas, conforme o conceito de Hayek; sociedades deliberantes (associações, fundações ou sociedades comerciais, bem como circunscrições territoriais, susceptíveis de adquirir caracteres semelhantes às sociedades autogerenciadas)." Conclui o autor dizendo que, a despeito das "diferenças e hierarquia decorrente dessas sociedades, as mesmas não podem beneficiar-se de considerações redutoras à pessoa que elas representam de maneira espontânea."

Segundo essa concepção de sociedade, que podemos designar como orgânica, desenvolvida conceitualmente por Aristóteles, o todo é mais que a soma das partes, e cada uma das partes cumpre uma função peculiar na vida do todo; não há espaço para o indivíduo, não se conhece o privado individual, nem a noção individual de pessoa; importa muito mais reconhecer a existência do cidadão enquanto parte de um todo social, de uma totalidade ético-política.

Portanto, na acepção hoje dominante, o conceito de pessoa não figurou como objeto dos estudos filosóficos que marcaram a trajetória da civilização grega, tanto em seu período mais remoto, como na democracia na vida urbana da pólis. O conceito de pessoa, como indivíduo singular, não foi desenvolvido no classicismo grego.[3]

Isso não implica necessariamente que devemos desconsiderar completamente o pensamento e a cultura grega ao tratar do tema do indivíduo e da personalidade, uma vez que é justamente na pólis que se poderá encontrar presente aquele indivíduo comum, um homem que se caracteriza por ser um sujeito absorvido no universo da pólis, desempenhando exclusivamente a função que ocupa dentro do complexo social.

Há, segundo essa análise, um tratamento consideravelmente diferente, pela filosofia grega, da subjetividade do indivíduo que não era tomado em cada pessoa como portador de direitos inalienáveis, devidos apenas à sua condição de existência. Isso só será possível a partir da modernidade, conforme demonstraremos.

A própria palavra "pessoa", utilizada em sua acepção moderna, não encontra significado semelhante no mundo grego. O vocábulo mais próximo que se pode alcançar nas linhas etimológicas é *prósopon*.

Tal expressão designava as máscaras utilizadas pelos atores nas encenações do teatro grego. Por essa máscara soava, mais alta, a voz do ator. Essa máscara *"persona"* evocava sempre o papel desempenhado pelo ator. Era a pessoa, a figura representada, a personagem, donde a palavra vem designar a personalidade.

Superada esta acepção na cultura helênica, *prósopon* passou a significar posteriormente, a função ocupada pelo indivíduo dentro da sociedade, sem jamais vir a significar o indivíduo em si mesmo.[4]

Todavia, conforme notamos, a civilização grega não desconheceu em seu todo a ideia de subjetividade. Sem incorrer em contradições, é possível dizer que, de certa forma, o indivíduo esteve presente no pensamento grego; contudo, sua presença sempre se encontrou mitigada por fatores outros, como a natureza que assombra as convicções míticas dos primeiros filósofos pré-socráticos, ou o destino irremediável que guardam os deuses para os homens torturados, que vagam em busca de um futuro que lhes é vedado, como se constata nas tragédias dos festivais.

---

(3) Cf. VERNANT, Jean-Pierre. *As origens do pensamento grego*. Rio de Janeiro: Bertrand Brasil, 1996.

(4) BEUCHOT, Mauricio. *La persona y la subjetividad en la filología y la filosofía*, p.17.

A tentativa de compreensão racional da natureza, característica da aurora da filosofia grega, já trazia a figura do indivíduo, não do indivíduo em sentido moderno, mas de um ser que se mostra admirado perante a natureza.

Com o crescente desenvolvimento da pólis, criou-se um espaço público para a discussão e legitimação tanto do governo como das ideias, o que impulsiona, sobretudo em Atenas, não só a retórica e a argumentação, mas também a filosofia, sobrepondo-se ao discurso mítico, por demais atrelado a explicações de caráter naturalista, não condizente com a concentração urbana que toma seu lugar na Grécia clássica.

O universo ainda pouco explorado das intenções, vícios e desejos do homem começa a ser descoberto nessa nova etapa da filosofia grega, com o já mencionado advento da pólis democrática. Mesmo assim, a antiga filosofia grega não conhece o homem como ser de subjetividade por completo, visto que o pensamento dos filósofos helênicos acabou por sempre atrelar o homem seja ao destino ou ao cosmos, não se alcançando uma noção de pessoa singular como indivíduo racional e possuidor de uma vontade atuante no mundo fático.[5] Nesse sentido, Sócrates representa um ponto de inflexão na Grécia clássica, ao valorizar o indivíduo.

Tradicionalmente, somente eram tidos como pessoas individualizadas em sua subjetividade, na sociedade antiga, aquelas que ocupavam os primeiros papéis na sociedade, ou fossem os grandes heróis das guerras ou os vencedores dos jogos.[6]

Contudo, a derrocada das Cidades-Estado gregas, com a ascendência da Macedônia de Alexandre, influenciou profundamente os filósofos desse período, denominado helenístico. Os tempos de decadência proporcionaram o surgimento de filosofias que ensinavam um modo de viver, com preponderância do caráter prático[7]; e tais filosofias, nesse período da história grega, foram o epicurismo e o estoicismo.

O estoicismo, com sua fuga das emoções terrenas, em muito se assemelharia aos ideais cristãos primitivos, de busca da Salvação individual por meio do controle de si. Essa concordância entre os valores estoicos e cristãos levará a doutrina estoica para Roma, onde Sêneca, Marco Aurélio e Epicteto a propagariam posteriormente.

Apesar de os termos concernentes à pessoa já circularem entre os gregos e até mesmo entre os romanos, é na contraposição do mundo clássico com o mundo cristão, na Idade Média, acentuando a diferenciação de tratamento que o indivíduo receberá, nesses dois períodos, que o conceito de pessoa assumirá uma formulação próxima da moderna.

O Cristianismo trouxe ao mundo ocidental uma valorização do homem ordinário, na medida em que a Salvação prometida por sua doutrina seria possível de ser alcançada por todos, por cada cristão considerado em sua alma individual, como pessoa.

---

(5) BEUCHOT, Mauricio. *La persona y la subjetividad en la filología y la filosofía*, p. 20.

(6) CAMPOS. Diogo Leite de. *Lições de direitos da personalidade*, p. 134.

(7) *História da filosofia*, p. 37.

Será a teologia cristã a força motriz que trará o homem mitigado na filosofia pré-socrática para a posição de pessoa dotada de subjetividade. Esta figura da pessoa como valor essencial de todo um complexo ético-jurídico se torna sólida tão somente com a união das filosofias antigas, sobretudo a tradição estoica, com uma ainda incipiente teologia cristã.

A teologia cristã, por sua vez, talvez tenha sido a representação intelectual que mais tenha se empenhado no estudo da pessoa. Desde os primórdios, os teólogos cristãos buscaram esclarecer dois pontos fundamentais da doutrina: o mistério da encarnação e o mistério da Trindade.

Cabe então compreender como se localizava o conceito de pessoa na doutrina da teologia cristã nascente.

Muito da concepção cristã de pessoa advém por analogia com um Deus pessoal, dos atributos encontrados nas pessoas integrantes da Santíssima Trindade e da própria pessoa de Cristo com sua natureza dúplice: humana e divina. Como não havia um conceito que abarcasse todo o complexo de sentidos da realidade pessoal, debateram-se os teólogos gregos entre os termos *ousía*, *hypóstasis* e *prósopon*, enquanto os latinos enfrentavam a mesma problemática com os vocábulos *essentia*, *substantia* e *persona*.[8]

Mas, é em Boécio[9] que encontramos a formulação conceitual e precisa de pessoa, do qual decorrem também outras dezenas de contribuições para a língua latina (sobretudo graças a seu trabalho de tradutor) e diversas outras formulações conceituais.

Para Boécio, a pessoa se encontra entre as substâncias e nas substâncias racionais, e se cada natureza é uma substância, e não reside nos universais, mas nos indivíduos, a pessoa é "substância individual de natureza racional".[10] Aqui está marcado o conceito clássico de pessoa por Boécio.

Tomás de Aquino ampliou a definição de pessoa herdada por Boécio — substância individual de natureza racional —, entendendo pelo termo substância não o gênero predicamental substância, mas o ente concreto individual subsistente.[11]

---

(8) BEUCHOT, Mauricio. *La Persona y la Subjetividad en la Filología y la Filosofía*, p. 21-22.

(9) Anicius Manlius Torquatus Severinus Boetius, (Roma, c. 475/480 – Ticino, 524) – Filósofo platônico, estadista e teólogo romano. Último pensador latino a compreender o grego, sendo, portanto, a única fonte europeia sobre esses textos digna de crédito, em sua época. Traduziu o *Organon*, de Aristóteles, e resumiu vários tratados sobre matemática, lógica e teologia. Como senador, em 510, foi acusado de traição e magia. Por conseguinte, foi submetido à tortura e condenado à morte. Na prisão, escreveu *De Consolatione Philosophiae (Do Consolo Filosófico)*. Além disso, foi autor de *Sobre a Instituição da Música*, que o tornou um dos grandes teóricos musicais da Antiguidade. Apesar de não ter se convertido ao cristianismo, é considerado um mártir da Igreja, pelos serviços que prestou aos cristãos. (Grandes Filósofos: Biografias e obras. Coleção *"Os Pensadores"*. São Paulo: Nova Cultural, 2004).

(10) Valemo-nos aqui da tradução do conceito de pessoa, feita por Cézar de Alencar Arnaut de Toledo, em sua tese doutoral: Instituição da Subjetividade Moderna: A Contribuição de Ignácio de Loyola e Martinho Lutero, defendida na Faculdade de Educação da Unicamp, em dezembro de 1996. A tese, ainda não publicada, faz parte do acervo bibliográfico daquela faculdade. A referida tradução se encontra na p. 22.

(11) MORAES, Walter. *A Concepção Tomista de Pessoa*. Um contributo para a teoria do direito da personalidade. São Paulo: Revista dos Tribunais, 590/14, 1984.

Se a definição expressa sempre a essência de uma espécie, a noção de pessoa não poderá ser definida, pelo simples motivo de não ser uma espécie. Consequentemente, não deve ser incluída em nenhum dos modos do ente predicamental. Se a pessoa fosse incluída nalgum deles, não se estaria concebendo a pessoa segundo a sua própria razão de ser. Do ponto de vista do ser, cada pessoa constitui um grau de perfeição na participação do ser. O ato de ser de cada pessoa é, pois, o seu constitutivo metafísico, assim como a origem e raiz de todas as propriedades e perfeições pessoais. O nome pessoa é, pois, quase um nome próprio.[12]

Tomás de Aquino, sobre o que é a pessoa, nos diz: "A pessoa é o que há de mais nobre e de mais perfeito em toda a natureza".[13]

É nesse ponto que começa a aparecer o estatuto especial da pessoa humana. Cada pessoa é um existente concreto, do qual se sabe que existe numa natureza racional individual.

Portanto, convém que cada pessoa seja concebida como diretamente participante do ser. Desse modo, seus limites, no ser e no operar, não são fixados por uma suposta "espécie pessoa" mas, exclusivamente, pela natureza racional individual na qual subsistem. Daí a importância de compreender-se bem essa natureza.

De modo diverso ao dos entes que não são pessoas — que participam do ser na medida indicada por sua essência; classificam-se, justamente por essa medida, num dos modos do ente predicamental, e se aperfeiçoam também segundo a sua essência, isto é, segundo aquilo que são —, as pessoas aperfeiçoam-se constantemente, segundo os parâmetros de sua natureza racional e exclusivamente por causa disso, adquirindo a perfeição dos outros entes, torna-se possível até que, numa única pessoa, se concentre toda a perfeição do universo.[14]

A despeito do conceito originário de pessoa elaborado por Boécio, a identificação entre "eu" e pessoa, categoria englobante da alma e do corpo indissociáveis, dotados de razão e perfectíveis, é recente, mesmo no pensamento ocidental. O pleno reconhecimento e a preservação da pessoa dá-se apenas quando se atribui um valor moral ao "eu" e ao "outro", como sendo o valor supremo de todos os seres humanos.

Com o movimento Renascentista (século XIV a XVI), houve o surgimento de novas ideias que culminaram na ocorrência de uma mudança substancial na Ciência e na Filosofia.

Nesse período, os humanistas situam suas questões no homem e no mundo que ele habita; questiona-se então, principalmente, o destino do homem, difundindo-se o conceito de que, para além da matéria, há no homem um elemento espiritual, imaterial.

---

(12) MORAES, Walter. *A Concepção Tomista de Pessoa*. Um contributo para a teoria do direito da personalidade. São Paulo: Revista dos Tribunais, 590/14, 1984.

(13) *Persona significat id quod est perfectissimum in tota natura, scilicet subsistens in rationali natura*. Suma Teológica., I, 29, 3. Trad. retirada da obra de Jacques Maritain em *A pessoa e o bem comum*, p. 34.

(14) MORAES, Walter. *A Concepção Tomista de Pessoa*. Um contributo para a teoria do direito da personalidade. São Paulo: Revista dos Tribunais 590/14, 1984.

No período renascentista a tal definição será acrescentado o elemento da dignidade humana, constituindo-se alicerce fundamental da luta pelos direitos, sobretudo de ordem política, que se dará nos séculos posteriores.

A importância da atuação no mundo secular acarretará em muito um impulso na trajetória renascentista, pois o homem que age luta pelos seus direitos, e o homem que luta, faz brotar da pessoa moral a pessoa política.

A ideologia que irá sustentar as revoluções burguesas do século XVIII começa a surgir já no humanismo[15] renascentista (XVI). Voltados para o período clássico, em que buscavam inspiração, os humanistas centram suas questões no homem e no mundo que este habita. A Reforma, por sua vez, ao associar o sucesso no mundo à salvação espiritual, em muito contribuiu para o fortalecimento do individualismo, em cujo desdobramento se vislumbraria a crescente reivindicação do direito à liberdade (religiosa).[16]

O ser humano, feito à imagem e semelhança de Deus, é ser autossuficiente, pois dotado de razão.[17] Assim, no plano político, firmou-se a tendência de separação entre Igreja e Estado, e afirmou-se o direito do indivíduo à liberdade de consciência.

Com o advento da Modernidade, surgem inúmeras transformações, com a eclosão de tendências racionalistas. É com essa nova concepção, do Iluminismo e do Liberalismo dos séculos XVIII e XIX, que o saber desvincula-se de Deus e centraliza-se ainda mais no homem (em sua racionalidade). Sendo assim, a pessoa, como ser intelectual capaz de duvidar e elaborar ideias, passa a ser o centro de todo o saber e também a sua fonte, ou seja, considera-se o homem como um ser dotado de razão e de dignidade, com capacidade de autodeterminação. Essa autodeterminação passou a ser o absoluto poder de sua vontade individual, ou de deliberação sobre os destinos da própria existência.

A definição de pessoa humana como ser autônomo e moralmente responsável caracteriza-se, portanto, como um conceito que serviu como pilar para a sociedade liberal-burguesa.

Nesse sentido, é possível estabelecer uma ligação entre a célebre e clássica definição de pessoa de Boécio, e a própria definição kantiana, segundo a qual os seres racionais são chamados de pessoas.[18]

---

(15) Diversos entendimentos norteiam o significado de humanismo, todavia elencamos para os objetivos desta dissertação alguns elementos comuns aos diversos conceitos, a saber: a) uma concepção central do humano como valor; b) afirmação implícita da igualdade de todos os seres humanos; c) o reconhecimento e o apreço das diversidades pessoais e culturais; d) a tendência a desenvolver uma consciência da verdade que transcende a noção de verdade absoluta; e) a afirmação da liberdade de ideias e crenças; e f) o repúdio da violência. CAPORALE, Rocco. *Algumas reflexões críticas sobre o conceito de humanismo*. p. 19-23.

(16) O primeiro direito individual reivindicado pela sociedade moderna teria sido o direito à liberdade de opção religiosa. LAFER, Celso. *A reconstrução dos direitos humanos*. São Paulo: Cia. das Letras, 1988.

(17) CAMPOS, Diogo Leite de. *Lições de direitos da personalidade*, p. 134.

(18) KANT, Immanuel. *Fundamentação da metafísica dos costumes*. Coleção "Os Pensadores". São Paulo: Abril Cultural, 1980.

Kant estabelece ligações entre a maneira de considerar a pessoa e o que constitui a sua autonomia essencial, ou seja, sua capacidade inerente de dirigir-se, ela própria, racionalmente. Portanto, todos devem ser tratados como fins em si mesmos, como portadores de valor.

Esse raciocínio sustenta a ideia de uma pessoa humana, que tenha suficiente consciência e racionalidade como condições para que possa participar da comunidade de pessoas livres, caracterizadas pelo exercício da própria autonomia moral.

A dignidade e os direitos servirão como base ao exercício da liberdade e da igualdade humanas; o ser humano será definido pelo uso da razão e da consciência. Essas passam a ser, portanto, as duas características ontológicas da pessoa: é um ser racional e consciente, que por essa razão pode ser sujeito de direitos e de deveres, resultante do próprio fato de o indivíduo ser racional e autônomo.

O racionalismo dominante durante os séculos XVII e XVIII defendeu rigorosamente a figura do indivíduo, pautando-se na noção de pessoa política e associando esta à noção de pessoa enquanto sujeito moral.

Tal defesa teve sempre como base a ideia de um direito natural, não mais sentido pelo fiel como uma graça divina, mas sim perceptível pelo filósofo como originário da própria natureza humana. A observação racional da condição humana traria então a constatação irrefutável da existência de direitos que estariam acima da ordem legal. O jusnaturalismo teológico era substituído pela Escola de Direito Natural, sendo este racionalista e subjetivista.[19]

A doutrina jusfilosófica do humanismo teria repercussão contemporânea na defesa da dignidade da pessoa humana, notadamente com destaque ao trabalho de Lask e Radbruch na teoria jurídica alemã; em França, na distinção entre indivíduo e pessoa. Representam também essa corrente humanista os estudos de autores como Emmanuel Mounier e Jacques Maritain.

O tema da pessoa e seus valores tem ocupado cenário destacado nas filosofias de autores deste século como Max Scheller e Nicolai Hartman, além de estar também tal temática presente nas especulações existencialistas de Kierkegaard e Heidegger.[20]

O humanismo contemporâneo visa, por sua vez, à correção dos excessos cometidos pelo individualismo burguês, intentando uma conciliação entre os aspectos individuais e sociais da pessoa, tendo como base noções de caráter comunitarista. A problemática de se defender os direitos da personalidade em meio a uma sociedade contemporânea, que oprime em seu crescimento vertiginoso, constitui-se no desafio que aguarda atualmente a reflexão jusfilosófica.

Todavia, uma das mais humanistas das filosofias modernas é sem dúvida a kantiana, que busca estabelecer as relações entre direito e liberdade. Proclama Kant a preeminência

---

(19) Consideramos Locke um expoente dessa tradição clássica jusnaturalista, cuja obra de grande expressão desse pensamento constitui o *Segundo tratado sobre o governo civil*, publicada em 1690.

(20) TOBEÑAS, Juan Castan. *Los Derechos del Hombre*, p. 51.

da dignidade da pessoa humana, admitindo-se mais do que a existência de direitos humanos, mas de um único direito natural da personalidade, compreendendo todos os demais direitos inatos do homem.[21]

Nessa medida, pensamos que a ideia de pessoa na contemporaneidade está bastante intrincada com o pensamento da Idade Moderna, marcadamente nas reflexões do tipo kantiana, que considera a autonomia e a razão como pressupostos para o reconhecimento da condição do ser como pessoa.

A pessoa passa a designar o ser humano individual como portador de valor, que não deve ser considerado apenas como meio, mas antes como fim em si mesmo. Nesse sentido, transcrevemos a seguinte passagem de Kant:

> O fato de o homem poder representar seu próprio eu eleva-o infinitamente acima de todos os seres vivos da terra. Por isso, ele é uma pessoa, e por causa da unidade de consciência persistente através de todas as alterações que podem atingi-lo, é uma só e mesma pessoa.[22]

A doutrina moral kantiana já caracterizara o conceito de pessoa em termos de heterorrelação, ou seja, relação com os outros. Quando Kant dizia que "os seres racionais são chamados de pessoas porque a natureza deles os indica já como fins em si mesmos, como algo que não pode ser empregado unicamente como meio", declarava que a natureza da pessoa, do ponto de vista moral, consiste na relação intersubjetiva.[23]

A racionalidade faz do homem um princípio de ação autônoma e responsável, sendo o pressuposto de sua dignidade; e a dignidade da pessoa vem a identificar-se com a liberdade. Kant evidencia, portanto, a ideia de autodeterminação da dignidade humana, assegurando a liberdade do indivíduo de guiar sua própria existência.

Para Kant, há no homem uma personalidade cuja moralidade constitui a dignidade do próprio homem, da qual a autonomia é o fundamento. Kant afirma, conforme expusemos, que o homem é pessoa, porque é "fim em si mesmo", isto é, tem um valor autônomo e não só um valor como meio para algo de diverso, daí resultando a sua dignidade. Donde decorre o princípio segundo o qual cada homem tem o direito ao respeito dos seus semelhantes e reciprocamente é obrigado a ele em face dos outros.

Nesse sentido[24], ainda em Kant, sobre a importância e a valorização da pessoa, transcrevemos a seguinte passagem: "age de tal maneira que uses a humanidade, tanto na tua pessoa como na de qualquer outro, sempre e simultaneamente como fim e nunca simplesmente como meio".[25]

---

(21) TOBENÃS, Juan Castan. *Los derechos del hombre*, p. 47-48.

(22) KANT, Immanuel. *Anthropologie du point de vue pragmatique*. Tradução de Michel Foucault. 2. ed. Paris: Librairie Philosophique J. Vrin, 1970.

(23) KANT, Immanuel. *Fundamentação da metafísica dos costumes*, p. 65-70.

(24) Para Kant, a prerrogativa de legislador universal é que nos torna pessoa, um ser com dignidade, como fim em si mesmo, que nos faz membros de um reino de fins, que liga todos os seres racionais sob leis comuns, no exercício do que se pode denominar de princípio da autonomia da vontade.

(25) KANT, Immanuel. *Fundamentação da metafísica dos costumes*, p. 68-69.

A partir do conceito de pessoa, passamos à distinção entre indivíduo e pessoa, estabelecendo certa ligação entre as considerações kantianas e o humanismo de pensadores como Jacques Maritain e Emmanuel Mounier.

1.3. Distinção entre indivíduo e pessoa

De acordo com entendimento amplamente difundido, a acepção de indivíduo como existência de um sujeito autônomo, livre e pensante surge na modernidade. Todavia, apesar de considerarmos como referencial essa acepção moderna de indivíduo, não ignoramos a existência de óticas diferentes de análise, que privilegiam outros sentidos do termo.

Sendo assim, o conceito de indivíduo pode também ser tomado num sentido físico, que significa o indivisível, o que não pode ser mais reduzido pelo procedimento de análise.

Para o conhecimento histórico, há uma representação do indivíduo em seu caráter singular e irrepetível, ou seja, teria o indivíduo duas características necessárias: a singularidade e a não repetibilidade.[26]

Na filosofia contemporânea, o conceito de indivíduo, no campo moral ou político, funde-se na noção de pessoa. Para tornar clara essa fusão, destacamos duas tradições de pensamento sobre o indivíduo, que se colocam de maneiras opostas: de um lado, uma concepção racionalista, fundada em teorias do direito natural e do contrato; e de outro uma concepção empírica. Segundo essa oposição podemos definir o indivíduo, de um lado, como princípio de clausura radical, característico da formulação liberal; e de outro como sujeito de autolimitação voluntária, ou sujeito racional da liberdade individual por consideração à de outrem, consistindo assim numa substituição da independência dos indivíduos pela autonomia dos sujeitos.[27]

Temos, assim, as concepções metafísica e empirista compondo o início do pensamento moderno sobre o indivíduo, passando a se estruturar a partir de uma discussão sobre o valor dessa oposição e colocando em condições inconciliáveis o sujeito, por um lado, e o indivíduo, por outro.

Essa oposição entre uma sociedade de sujeitos autônomos para o contratualismo e uma sociedade de indivíduos para o individualismo empírico se desdobra numa questão ainda mais relevante, ou seja, demonstrar as transformações necessárias para o indivíduo ser considerado como membro integral da sociedade.

Sobre essas transformações, tanto Hobbes quanto Locke, em análise sobre a lei da natureza, consideram a existência de uma "distância entre o indivíduo do estado de natureza e sua natureza presumida, que só pode tornar-se efetiva, mesmo incompletamente, no estado de sociedade política (...)." Assim, "(...) o indivíduo, como entidade

---

(26) ABBAGNANO, Nicola. *Dicionário de filosofia*, p. 556.

(27) *Dicionário de ética e filosofia moral*, p. 806-807.

original, é titular de direitos, mas não é naturalmente parte integrante do todo que, ao ultrapassá-lo, isto é, ao limitá-lo, lhe permitirá sobreviver e, portanto, existir".[28]

Para o contratualismo, que em suas diferentes versões admite a hipótese de um estado de natureza, constata-se a não continuidade da condição originária, ou seja, não há continuidade entre o indivíduo e o cidadão-sujeito.

Essa metamorfose característica do acesso à sociedade política, é uma "renúncia à qualidade de ser monádico — atributo do indivíduo por excelência — para tornar-se, por razão e voluntariamente, parte de um corpo coletivo". Assim, considerando a autolimitação voluntária ou racional da liberdade individual, que sustenta a base da construção política moderna, vê-se que a condição do homem moderno se localiza exatamente nessa metamorfose entre indivíduo e sujeito.[29]

Todavia, ao considerarmos o conceito de indivíduo, como ponto de partida para a doutrina do individualismo[30], notamos propriamente um retorno à concepção egoística do homem, consistindo na noção de que cada um, cuidando de seus interesses particularizados, realiza, indiretamente, os interesses coletivos. Essa ideia leva-nos novamente à imagem do homem abstrato, figura típica ocidental, presente no liberalismo da Europa do século XVII que, em decorrência da estrutura mercantil da sociedade burguesa emergente, surge com traços de independência, o que vem caracterizar a própria individualidade moderna.

Em crítica a uma conceituação do indivíduo moderno, Duguit manifesta-se no sentido de ser "o homem um ser individual, mas ao mesmo tempo um ser social, e esquecê-lo é desconhecer toda uma parte da realidade". Para Duguit, esse teria sido "o grande erro do século XVIII, o qual só tinha olhos para o homem abstrato", desconsiderando a existência do ser concreto.[31]

Radbruch, citado por Machado, também destaca a significativa oposição do indivíduo abstrato ao homem concreto, considerando a existência de "um meio termo entre

---

(28) Esse raciocínio é extraído da análise do capítulo XIV do Leviatã de 1651 e respectivamente do capítulo II do Segundo Tratado sobre o governo civil de 1690, ambas as obras consultadas a partir das referências indicadas na pesquisa.

(29) *Dicionário de ética e filosofia moral*, p. 806-807.

(30) O individualismo se caracterizou ao longo da história por ser a doutrina moral ou política que atribui ao indivíduo humano um preponderante valor de fim em relação às comunidades de que faz parte. O extremo desta doutrina é a tese de que o indivíduo tem valor infinito, e a comunidade tem valor nulo; essa é a tese do anarquismo. Numa acepção mais moderada, passou a designar o fundamento teórico do liberalismo no mundo moderno, constituindo um aspecto fundamental da primeira fase do liberalismo. Ressalte-se que o individualismo constitui pressuposto comum do jusnaturalismo, do contratualismo, do liberalismo econômico e da luta contra o Estado. Contudo, a fase individualista do liberalismo chegou ao fim e teve início a fase que recorria à ação do Estado e tendia a exaltar seu papel, exatamente quando foram observadas as anomalias da ordem econômica e se reconheceu que a simples limitação dos poderes do Estado não elimina essas anomalias, nem a desordem ou as desigualdades sociais.

(31) DUGUIT, Leon *apud* MACHADO, Edgar de Godoi da Mata. *Contribuição ao Personalismo Jurídico*, p. 175.

individualidade empírica de uma parte e a personalidade moral de outra". Segundo Radbruch, "o que falta ao homem do individualismo é, antes, personalidade".[32]

Daí a necessidade de enfrentarmos a questão sobre a relação entre o indivíduo e a pessoa, distinção essa utilizada por diversas escolas e pensadores, mencionando sobretudo o posicionamento neotomista de Maritain e o personalismo de Mounier.

Maritain demonstra que a distinção entre indivíduo e pessoa, antes de ser uma preocupação de juristas, remonta aos cínicos, aos estoicos, aos epicuristas, acrescentando que já era esse "um problema de filosofia pura muitos séculos antes de se apresentar como um problema cristão".[33]

Mostra-nos que "a distinção entre indivíduo e pessoa, ou, antes, entre a individualidade e a personalidade, é uma dessas verdades de que o pensamento contemporâneo necessita de modo todo especial e de que poderá tirar o maior proveito".[34]

Entretanto, segundo Maritain, trata-se, infelizmente, de uma distinção difícil de ser bem compreendida e que supõe um exercício do espírito metafísico, com o qual está muito pouco habituado o pensamento contemporâneo.[35]

Para melhor explicitar a distinção proposta, Maritain demonstra:

> Que o ser humano está metido entre dois polos: um polo material, que não diz respeito, na realidade, à pessoa verdadeira, mas antes à sombra da personalidade ou o que chamamos, no sentido estrito da palavra, a *individualidade*; e um polo espiritual, que diz respeito à personalidade verdadeira.[36]

Portanto, ainda segundo o mesmo autor:

> (...) individualidade e personalidade são dois aspectos metafísicos do ser humano (..) Não se trata de duas coisas separadas. Não há em mim uma realidade que se chama meu indivíduo e uma outra que se chama a minha pessoa. É o mesmo ser, inteiramente completo, que num sentido é indivíduo e noutro sentido é pessoa. Eu sou inteiramente indivíduo em razão do que me vem da matéria e inteiramente pessoa em razão do que me vem do espírito (...)[37]

Com o propósito de esclarecer sua explicação, Maritain nos propõe uma metáfora, para auxiliar a compreensão: "um quadro é inteiramente um complexo físico-químico em razão das matérias colorantes de que é feito e inteiramente uma obra de beleza em razão da arte do pintor".[38]

---

(32) MACHADO, Edgar de Godoi da Mata. *Contribuição ao Personalismo Jurídico*, p. 178-179.
(33) MARITAIN, Jacques. *Para una filosofia de la persona humana*, p. 117-162.
(34) MARITAIN, Jacques. *A pessoa e o bem comum*, p. 10.
(35) *Ibidem*, p. 33-42.
(36) *Ibidem*, p. 35.
(37) *Ibidem*, p. 45.
(38) *Idem*.

Sobre o exato sentido desses aspectos, quais sejam, individualidade e personalidade, Maritain alerta para o acúmulo de dificuldades que encerram, mas assevera que a individualidade das coisas — e por igual do ser humano — tem como raiz a matéria. Transcrevemos a seguinte passagem:

> Alma e matéria, são dois coprincípios substanciais do mesmo ser, de uma só e única realidade, a que se chama o homem, e, porque cada alma é feita para animar um corpo particular (o qual recebe sua matéria de células germinativas de que provém, com toda sua carga hereditária), porque cada alma tem uma relação substancial ou, antes, é uma relação substancial com um corpo particular, abriga, em sua própria substância, caracteres individuais que a diferenciam de outra alma humana.[39]

Numa explicação ontológica do fundamento da individualidade do homem, tem-se que a forma ou alma é aquilo que faz com que ele seja homem e não outra coisa. Mas estando ela unida substancialmente à matéria, com a qual se torna uma só e única realidade, essa mesma forma, que distingue o homem dos outros seres, embora não constitua algo individual, se individua em razão de sua relação transcendental com a matéria, que implica situação no espaço. Segundo Maritain: "a pessoa, é um microcosmo que na sua existência ameaçada no seio do universo material tem, todavia, mais profunda densidade ontológica que todo esse universo".[40]

Para ressaltar o aspecto gnoseológico, ocupamo-nos com uma passagem em que Maritain considera a existência de dois estados com os quais o espírito humano é peculiarmente capaz de se ocupar, identificando uma certa oposição entre eles, que faz do homem um ser distinto de todos os demais seres:

> A individualidade se opõe ao estado de universalidade que as coisas têm no espírito, designa esse estado concreto de unidade, ou indivisão (in-divíduo) que a existência requer e graças ao qual toda a natureza existente ou capaz de existir pode colocar-se na existência como distinta dos outros seres.[41]

Maritain recorre também a imagens de fundo metafísico, para precisar mais nitidamente as noções de que nos ocupamos:

> Enquanto indivíduo, cada um de nós é fragmento de uma espécie, é parte do universo, ponto singular do imenso tecido de forças e de influências cósmicas, étnicas, históricas, a cujas leis se submete; é dominado pelo determinismo do mundo físico". Mas (e aqui se antecipa o conceito do segundo aspecto do ser humano) "cada um de nós é também uma pessoa e enquanto pessoa não está sujeito à influência dos astros, subsiste, por força da própria subsistência da alma espiritual, e esta é, em cada um de nós, princípio de unidade criadora, de independência e de liberdade.[42]

---

(39) MARITAIN, Jacques. *A pessoa e o bem comum*, p. 33-42.
(40) *Idem*.
(41) *Ibidem*, p. 33-45.
(42) *Idem*.

Observa o filósofo que é pela noção de independência que a tradição metafísica ocidental moderna define a pessoa, realidade que, subsistindo espiritualmente, constitui por si mesma um universo, um todo independente e autônomo.

Por sua vez, Mournier argumenta que, à vista dos atributos que definem a personalidade humana, a pessoa não é um objeto. É mesmo aquilo que, no homem, não pode ser tratado como um objeto.[43]

Mais modernamente, Jean Mouroux, entende que:

> A pessoa é o ser que existe sob a forma mais forte e mais perfeita. A pedra, a planta, o próprio animal existem realmente, mas de uma existência provisória, precária, pouco diferenciada; a pessoa humana, ao contrário, existe em si mesma, por si mesma, para si mesma; e é a essa maneira suprema de existir que chamamos a subsistência. Existir em si, isto é, sem ser ligado a um outro sujeito, sem lhe tomar de empréstimo o seu ser, mas bastando-se, porque se está centrado sobre si. Existir por si, como sendo sua própria fonte, como se colocando no ser por sua própria força interna e incessantemente irradiante; como possuindo de maneira especial e exclusiva seu próprio ser. Existir para si como um ser que tem sentido e valor em si, que é ordenado a si mesmo, que é fim e que nada poderá despojar de seu caráter absoluto, definitivo e único no universo.[44]

Maynez, assumindo posição humanista, enfrenta o problema da distinção entre indivíduo e pessoa a fim de explicar a inter-relação entre valores individuais e valores coletivos. Nesse sentido, afirma ele que:

> Os valores mais altos que no seio da comunidade podem se realizar nunca são os bens ou situações, mas os pessoais. A ordem jurídica, assim como as instituições públicas de todo gênero, tem sua base antes na comunidade que no indivíduo, mas os valores representados pelas estruturas e ordenações sociais não são os de maior hierarquia, precisamente por serem de caráter impessoal.[45]

Aqui encontramos traços de uma prevalência da pessoa em relação ao indivíduo, considerando aquela como titular de uma gama de valores inerentes a sua própria condição essencial. Essa distinção, proposta por Maynez, se faz mais clara na seguinte transcrição:

> "Do ponto de vista da comunidade, o indivíduo é o ser intranscendente e efêmero, perdido na multidão dos demais indivíduos", mas, considerado "como membro da comunidade é, enquanto pessoa, o ser axiologicamente superior, mesmo naqueles casos em que, esquecido de si mesmo, se subordina

---
(43) MOUNIER, Emanuel. *Le personnalisme*, p. 7-10.
(44) MACHADO, Edgar de Godoy da Mata. *Contribuição ao personalismo jurídico*, p. 190.
(45) *Ibidem*, p. 182.

às finalidades macrocósmicas do todo e se mostra disposto a sacrificar seus interesses privados".[46]

Nicolai Hartmann, aponta para uma distinção ainda mais precisa entre indivíduo e pessoa:

> Um indivíduo não é apenas uma parte, como uma pedra-de-edifício no todo, ele é, não obstante, uma forma do mais alto gênero, uma pessoa, em sentido amplo — o que uma unidade coletiva jamais pode ser. Na medida em que prevalece, aqui, a relação de meios para fins, os meios transcendem os fins. Sendo um meio em relação à unidade coletiva, o indivíduo é, ao mesmo tempo, um portador de valores de ordem mais elevada e, assim, um fim em si mesmo. A teleologia da parte permanece independente da teleologia do todo, embora lhe seja o reverso. O todo não pode realizar-se como fim em si, enquanto não se constitui, no momento mesmo, um meio para a parte.[47]

Acerca dos fundamentos da distinção em questão, podemos considerar a existência de dois aspectos. Sob um deles, o homem pode ser considerado como indivíduo, e, sob outro aspecto, como pessoa. Segundo Machado, citando Berdiaeff, em conjugação com as diversas correntes modernas existencialistas:

> "O homem é, a um tempo — e de certo modo contraditoriamente —, um indivíduo e uma pessoa, indivíduo submetido em larga medida à necessidade e pessoa que goza da liberdade... Embora constitua uma unidade, o indivíduo não poderia ser pensado independente de suas relações com o mundo em geral, e mais especialmente com cada um dos elementos da vida social". Mas "se o homem fosse apenas um indivíduo, poucos títulos teria para opor-se ao imperialismo das sociedades de que faz parte e que o animam, o orientam, o transformam a cada instante, deturpando-lhe os pensamentos, os sentimentos e a vontade. Num conflito eventual contra o Estado, os direitos deste último se apresentaram incontestáveis e imprescritíveis... O homem é igualmente uma pessoa, isto é, um ser de liberdade e de vontade... A pessoa é concebida hoje como realidade mais profunda e íntima, que acentua aquilo que faz de cada criatura humana um ser único no mundo, absolutamente incomparável e irredutível às outras individualidades... A pessoa é um ser humano na medida em que é uma continuidade em relação com o eterno... É o eu inacessível ao empirismo de *Hume*; é o ser metafísico com valor transcendental... Realidade concreta existencial, a pessoa não pode ser considerada como parte subordinada em dependência necessária relativamente a um *todo*, seja este de ordem metafísica ou de ordem social... O valor da pessoa não poderia consistir apenas em ser um

---

(46) MAYNEZ, Eduardo Garcia. *La definición del derecho:* ensayo de perspectivismo jurídico, p. 221.

(47) HARTMANN, Nicolai. *Ethics*, p. 114.

cidadão do Estado... Na medida em que o homem possua a crença de que há nele uma realidade espiritual que não deve submeter-se ao mundo exterior, a realidade concreta da pessoa se oporá utilmente à realidade existencial concreta do Estado... O Estado de amanhã será aquilo que o homem impuser à sociedade... Dependerá do triunfo da pessoa ou da mera subsistência do indivíduo: no primeiro caso o Estado se inclinará diante de valores que equilibrarão seu poder; no segundo, transformar-se-á em tirania ilimitada, a dispor de instrumentos a seu serviço".[48]

O princípio de subsidiariedade se insere nesse contexto justamente pelo reconhecimento e defesa do elemento humano, como indivíduo livre, dotado de razão e vontade, no exercício de sua autonomia, portador de valor em si mesmo, capaz de trilhar o seu caminho também de forma autônoma e racional, em concurso com as demais pessoas e com o poder público.

1.4. Autonomia e subsidiariedade

A revolução promovida por Kant na História da Filosofia Moral causou também grande transformação na forma de conceber o que se denomina pessoa a partir da modernidade.

A filosofia prática de Kant estabelece um fundamento estritamente racional para o respeito à pessoa, que talvez seja a melhor denominação para autonomia, abrangendo-a individualmente como no inteiro conjunto de suas relações sociais.

Nessa medida, a autonomia não pode mais ser entendida apenas como sendo a autodeterminação de um indivíduo; esta é apenas uma de suas várias acepções. A inclusão do outro na questão da autonomia trouxe, a partir do pensamento de Kant, uma nova perspectiva que alia a ação individual com o componente social, ou sociabilidade. Em nossa opinião, essa perspectiva teórica dá também sustentação filosófica para a defesa da subsidiariedade como princípio.

Com base nesse entendimento, a cadeia de subsidiariedade composta por diversos níveis de atuação e responsabilidade, tem como base de sustentação a pessoa; daí ela se irradia pelas associações intermediárias, pelo estado nacional e organizações supra-nacionais; é na autonomia que reside o reconhecimento do respeito por cada um dos níveis aqui descritos.

Como se sabe, o termo autonomia contém ainda outros diversos significados, como autodeterminação, direito de liberdade, privacidade, escolha individual, livre vontade, comportamento gerado pelo próprio indivíduo ou pessoa.

Contudo, todas as teorias concordam que duas condições são essenciais à autonomia, a saber: a liberdade (independência do controle de influências) e ação (capacidade de ação intencional).

---

(48) MACHADO, Edgar de Godoy da Mata. *Contribuição ao personalismo jurídico*, p. 183–184.

O Iluminismo, em suas diversas correntes, constitui um movimento sociocultural e político de projeção do sujeito autônomo, tal como se evidencia na tese kantiana sobre autonomia/heteronomia.

Para Kant, a autonomia se identifica com a liberdade da vontade. Ser autônomo significa deixar de ser dependente. As relações do sujeito com as leis que o cercam é uma relação de livre obediência, porque elas são a expressão do seu próprio consentimento. A sociedade é, pois, um composto de autonomias individuais que devem funcionar num certo ordenamento determinado pelo imperativo categórico do direito, que regula o uso externo da liberdade de arbítrio.

Assim, a interferência excessiva de um todo superior num todo inferior, fere diretamente o conceito de autonomia e propriamente de liberdade, pois atenta contra um espaço de autonomia que deve ser preservado. A interferência é admitida quando todo o espaço de autonomia do todo inferior foi completado pelo seu esforço próprio. Somente sob essa condição é que o todo superior poderá e até mesmo deverá intervir, ou seja, subsidiariamente.

A liberdade, assim, é condição de possibilidade da autonomia e deve ser atribuída a todo ser racional que possua vontade. A ideia de liberdade liga-se ao conceito de autonomia, e ao conceito de autonomia liga-se o princípio da moralidade[49]. Ora, como a subsidiariedade tem por escopo último assegurar a autonomia, daí inferimos que o conceito kantiano de liberdade como autonomia sustenta também a tese da subsidiariedade como princípio de relações jurídicas e políticas.

Dessa maneira, a ação ou estado de cada um, pode coexistir com a liberdade dos demais, de acordo com uma lei geral; e tudo aquilo que impedir tal coexistência implicará em injustiça. Para a subsidiariedade, esse ato de injustiça se resume na ingerência excessiva do poder público, no desrespeito aos espaços de autonomia entre os diversos níveis que compõem a sociedade.

Impedir um indivíduo de atender a sua autodeterminação fere portanto os próprios princípios racionais. A autonomia é o fundamento da dignidade humana e o respeito por essa dignidade exige que ninguém seja tratado como um simples meio, mas sempre como um fim em si mesmo. A compreensão da autonomia em Kant, concorre poderosamente para o sentido que o conceito de pessoa assume a partir da modernidade, conforme demonstramos.

O princípio da autonomia supõe a concordância da vontade com a razão prática universal, quer dizer, todo o ser racional deve considerar a sua vontade como vontade legisladora universal[50].

Dessa forma, a lei a que o homem obedece, a lei que faz surgir no homem o dever, tem origem na sua própria vontade. O homem está subordinado à lei de que é autor: "A

---

(49) KANT, Immanuel. *Fundamentação da metafísica dos costumes*, p. 102.

(50) *Ibidem*, p. 72.

vontade não está pois simplesmente submetida à lei, mas sim submetida de tal maneira que tem de ser considerada também como legisladora ela mesma".[51]

Esse princípio tem como consequência a necessidade jurídica de assegurar a autonomia da pessoa em todas as esferas em que se irradia sua ação social. Ora, outra não é a função e o escopo do princípio de subsidiariedade.

O princípio formal, o princípio supremo do dever, no qual se fundamenta o imperativo categórico, é a autonomia da vontade, em oposição à heteronomia da vontade[52].

Apenas a humanidade enquanto capaz de moralidade tem dignidade. Por isso ela é fim em si mesma e considera os outros também como fins, isto é, como pessoas.

O que torna possível a dignidade do ser racional é a autonomia da vontade que é o fundamento da dignidade humana e de todo ser racional[53]. É a autonomia da vontade que permite que o princípio da moralidade tenha uma forma.

O princípio de autonomia se constitui no único princípio da moralidade e, por isso, afirma-se como um imperativo categórico para Kant.

Uma pessoa autônoma é um indivíduo capaz de deliberar sobre seus objetivos pessoais e de agir na direção desta deliberação. Respeitar a autonomia é valorizar a consideração sobre as opiniões e escolhas, evitando, da mesma forma, a obstrução de suas ações, a menos que elas sejam claramente prejudiciais para outras pessoas.

Demonstrar falta de respeito para com um agente autônomo significa não tratá-lo como pessoa, desconsiderar seus julgamentos, negar ao indivíduo a liberdade de agir com base em seus próprios julgamentos.

Um indivíduo autônomo age livremente de acordo com um plano próprio. Uma pessoa com autonomia diminuída é, pelo menos em algum aspecto, controlada por outros ou é incapaz de deliberar ou agir com base em seus desejos e planos. A subsidiariedade é totalmente contrária à limitação injustificada da autonomia, seja ela individual ou de cada um dos níveis descritos anteriormente.

Em conclusão, a subsidiariedade defende a manutenção dos espaços de autonomia e em consequência o respeito à pessoa, tratando-a como ser livre e dotado de dignidade. A interferência nesse espaço de autonomia deve passar pelo filtro da subsidiariedade, sob pena de colocar em risco o próprio princípio de justiça. Daí a necessária menção aos conceitos de pessoa, indivíduo e autonomia, antes de enfrentarmos a questão da subsidiariedade.

---

(51) KANT, Immanuel. *Fundamentação da metafísica dos costumes*, p. 72.
(52) *Ibidem*, p. 75.
(53) *Ibidem*, p. 79.

Capítulo 2

Hermenêutica de Subsidiariedade

A noção de subsidiariedade requer atualmente um entendimento que proporcione a plena compreensão de sua relevância e do papel que desempenha no âmbito político, social e sobretudo jurídico.

A dificuldade de atingirmos tal compreensão se dá em função de sua diversa aplicação, com destaque para a inserção contemporânea do princípio de subsidiariedade no direito comunitário, como elemento decisivo na repartição do exercício de atribuições entre os Estados-membros, a União Europeia e a integração federativa no âmbito das relações internacionais.

Pretendemos oferecer recursos hermenêuticos que possibilitem uma interpretação ampla do que significa primeiramente a noção de subsidiariedade em seus vários níveis[54], enfatizando sua importância num campo de atuação primordial, que é o do desenvolvimento da pessoa humana por meio do equilíbrio na relação entre sociedades intermediárias, Estado e Estado supranacional, reconhecendo para cada qual um espaço de autonomia e de liberdade de ação.

Não se pode negar as evidentes mudanças ocorridas nos últimos anos no comportamento dos Estados, não só no plano das relações internas, mas sobretudo em nível global. Essas mudanças de toda ordem fazem com que seja repensada a estrutura dos Estados e principalmente o papel da pessoa nesse novo contexto, sobretudo porque, qualquer que seja o ângulo de análise que se pretenda fazer, a pessoa sempre deverá ser tratada como fim e nunca apenas como meio na dinâmica estatal.

Portanto, entendemos ser necessário antes de enfrentar a questão da subsidiariedade como princípio, buscar as origens da teoria de subsidiariedade, numa análise inicialmente etimológica, facilitando com isso o desenvolvimento da verdadeira noção de subsidiariedade, e posteriormente seu uso nos âmbitos concretos de aplicação estatal e supraestatal.

---

(54) Autores como Hugo Tagle, ao ocupar-se da causa material e dos sujeitos aos quais se aplica o princípio da subsidiariedade, aponta sete níveis que cercam o homem, constituindo assim diferentes sociedades. Dentre os níveis apontados, estão os estados nacionais e a sociedade internacional. (TAGLE, Hugo. *El princípio de subsidiariedade, in persona y derecho:* Ordem Social y Violência. vol. III, 1976)

2.1. Análise etimológica e noção de subsidiariedade

Várias conotações caracterizam terminologicamente a ideia de subsidiariedade.[55] Etimologicamente, a expressão decorre do latim *subsidium*, derivado de *subsidiarius* (que significa reserva, reforço); na linguagem vulgar, designa o que vem em segundo lugar, isto é, ser secundário, auxiliar, ou supletivo.

Por essa razão, o que se mostra subsidiário, como secundário, revela, ou pressupõe, o principal, a que vem, conforme as circunstâncias, auxiliar, ajudar, estimular, encorajar, apoiar, ou reforçar.[56]

Há interpretações diversas no que diz respeito à subsidiariedade, tanto no campo político, como na ordem filosófica, jurídica e econômica, chegando sua aplicação até mesmo além da ordem jurídica interna, alcançando o âmbito da comunidade internacional, conforme se nota hodiernamente na União Europeia.

Não obstante os vários significados etimológicos e as dificuldades que envolvem a própria ideia de subsidiariedade[57], existem dois significados de maior relevância. Num primeiro sentido, revela-nos algo que é secundário, e no segundo entendimento, está ligado à ideia de algo que é supletivo ou complementar.

Admite-se também uma terceira via de análise do termo, vinculando-o às expressões de ajuda, socorro, estímulo e encorajamento.

Consideramos todavia, como sendo a compreensão mais significativa, a vinculação da subsidiariedade com a ideia de supletividade, o que leva à absorção simultânea dos outros dois significados, quais sejam: complementariedade e suplementariedade.[58]

A complementariedade e a suplementariedade, porque decorrem de uma única fonte de interpretação, nem sempre são dissociáveis. Suplementariedade é o que se acrescenta, representando portanto a questão *subsidiária*, conforme explica Baracho:

> Em certas ocasiões, a questão subsidiária não é de todo secundária, desde que permite designar os vencedores, sendo que na questão subsidiária ocorre a ideia de decidir. A subsidiariedade implica, nesse aspecto, em conservar a repartição entre duas categorias de atribuições, meios, órgãos que se distinguem uns dos outros por suas relações entre si.[59]

---

(55) Tratamento etimológico dado ao termo subsidiariedade em suas diversas conotações, Jean-Marie Pontier. La Subsidiarité em Droit Administratif. *Revue du Droit Public et de la Science Politique*, 1515-1516, 1986, apud BARACHO.

(56) SILVA, De Plácido e. *Vocabulário jurídico*, p. 1486.

(57) Autores como José Alfredo de Oliveira Baracho e Fausto de Quadros preferem antes tratar a subsidiariedade como ideia ou noção e, a partir de sua consagração em textos propriamente jurídicos, tratá-la como princípio. Comungamos desse entendimento.

(58) BARACHO, José Alfredo de Oliveira. *O princípio de subsidiariedade: conceito e evolução*, p. 24.

(59) *Idem*.

Sendo, entretanto, que a noção jurídica de subsidiariedade associa-se ainda mais à ideia de complementaridade, seguindo ainda a análise de Baracho, vemos:

> De um lado está o poder público, cuja própria existência é um fato incontornável, qualquer que seja a teoria que pretenda explicá-lo. Do outro lado, estão as pessoas privadas que, em uma democracia, podem agir livremente, sob certas reservas, em todos os domínios. O Direito Público explica a intensidade de suas regras, ao passo que o Direito Privado aparece como complementar um do outro.[60]

Todavia, o conteúdo da noção de subsidiariedade não reflete o entendimento de simples estabelecimento de limites ao poder público, considerando tal noção em sentido meramente supletivo ou secundário. A suplência, conforme demonstramos, seria apenas uma das características da subsidiariedade. Ao poder público reserva-se antes o papel de estimular, orientar, coordenar, integrar e somente em último caso, a suplementariedade.

Institui-se assim, uma coordenação entre iniciativa pessoal, dentro de seu espaço de autonomia, e a atividade do poder público, estabelecida nesses termos: "a iniciativa pessoal realiza primária e diretamente os interesses e o bem privado; e secundária e mediatamente os interesses e o bem público. E a atividade do poder público, que dirige e integra primária e diretamente a atividade pessoal em direção ao bem comum e que tutela, mediatamente, os interesses e bens particulares."[61]

Portanto, sugerimos não meramente uma análise literal do termo, mas sim uma análise mais complexa, em que cabe considerar a subsidiariedade como algo capaz de promover, coordenar, controlar e, apenas em última medida, exigir o papel de suplência ou substituição por parte do poder público.

Nesse sentido, o Estado promove condições para o desenvolvimento dos diversos níveis de atuação comunitária, estimulando sua autodeterminação.[62] Evidentemente que o que se pretende com a aplicação de tal noção não é um afastamento extremo do Estado, mas limitação da sua atuação, de maneira a proporcionar o respeito às competências e autonomia dos indivíduos e grupos menores, significando simultaneamente ajuda à atividade da sociedade.[63]

Nota-se, aqui, que a subsidiariedade não constitui uma apologia da ação negativa do Estado[64], nem tampouco uma ação excessivamente positiva, a ponto de sufocar as iniciativas individuais das pessoas e dos grupos, mas um equilíbrio entre ambas.

As totalidades maiores, e sobretudo o Estado, devem prestar ajuda às totalidades menores, mas não destruí-las ou absorvê-las. O que interessa não é um conteúdo que

---

(60) BARACHO, José Alfredo de Oliveira. *O princípio de subsidiariedade: conceito e evolução*, p. 24.
(61) AGESTA, Luis Sanches. *El princípio de función subsidiaria*, p. 168.
(62) TORRES, Silvia Faber. *O princípio da subsidiariedade no direito público contemporâneo*, p.18.
(63) *Idem.*
(64) *Idem.*

apenas limite a atuação do poder público, conforme frisamos anteriormente, considerando-o secundário ou supletivo. A suplência não é o único sentido da subsidiariedade, mas apenas caracteriza um de seus papéis. Ao poder público cabe o estímulo, a orientação, a coordenação, a integração e, em último caso, a suplência.

A totalidade maior só poderá realizar uma atividade das atribuições da totalidade menor se esta, em seu esforço por realizá-la, não for capaz de fazê-lo melhor. Assim, a intervenção da totalidade maior depende de demonstração da maior eficácia e da necessidade da realização da atividade em questão.

A subsidiariedade apresenta ainda outros dois aspectos analíticos, quais sejam, negativo e positivo. Em sentido negativo, o Estado, que atua como autoridade no exercício do poder político, não deve impedir as pessoas ou grupos de realizar suas próprias ações, ou seja, de desenvolver suas próprias iniciativas, empregando o quanto de energia e perseverança seja possível em suas obras, realizando assim a concretização dos seus interesses. Em sentido positivo, a autoridade tem por dever incitar, sustentar e finalmente suprir, somente quando necessário, os atores insuficientes.[65]

Ainda num sentido negativo, a subsidiariedade implica em limitar a ação de instituições políticas superiores em certas circunstâncias; em seu sentido positivo, implica, contrariamente, em tornar a atuação obrigatória em outras circunstâncias, sendo indispensável a ajuda e estímulo estatal.

No primeiro caso, em sentido negativo, o nível maior, em última instância o Estado ou, no âmbito do Direito Comunitário, a União dos Estados nacionais, não deve agir se não for necessário. No segundo caso, o Estado ou a União dos Estados nacionais, deve agir quando necessário. Trata-se de uma análise em cada caso, atuando o princípio de subsidiariedade como cláusula de flexibilização e determinação da competência e espaço de autonomia.

A intervenção de um todo superior encontra-se delimitada pela autonomia do todo inferior, havendo uma afirmação positiva dos direitos das pessoas e dos grupos frente ao Estado, por sua própria formação, ou seja, de comunidades sobre comunidades, do mais simples ao mais complexo, preservando a autonomia de cada qual.

A totalidade superior, ao mesmo tempo em que não interfere nas liberdades e competências da totalidade inferior, deve fornecer os recursos necessários para que esta cumpra suas finalidades, como solidariedade e auxílio para que seja efetivamente realizada a sua autonomia. Nesse sentido é que se realizam as suas qualidades de orientação, estímulo, coordenação, suprimento e integração.

> Os princípios da autonomia e da subsidiariedade sugerem a interpenetração das várias entidades que no seu conjunto compõem o Estado, pelas vias da colaboração efetiva entre todas elas, e da participação das entidades de nível inferior nos mecanismos e nos processos de tomada de decisão das entidades

---

(65) BARACHO, José Alfredo de Oliveira. *O princípio de subsidiariedade: conceito e evolução*, p. 59-60.

de nível superior que integram. São estes os únicos meios de garantir, quer a autonomia de cada uma destas unidades componentes, quer a unidade efetiva e solidária de todo o compósito.[66]

Assim, a liberdade política se dá na participação, mas é a solidariedade entre os cidadãos, o respeito à pessoa e à pluralidade de entidades políticas que constituem o efetivo elemento da subsidiariedade.

2.2. Evolução histórica e construção dogmática

Há diferentes origens para o princípio de subsidiariedade. Como testemunha disso, encontramos a existência de raízes do princípio na filosofia, sociologia e ciência política, passando por seu tratamento dogmático na Doutrina Social da Igreja Católica, antes mesmo de obter a conformação final de um princípio jurídico.

Historicamente, podemos encontrar elementos que indicam sua formação originária mais remota na Antiguidade. Como teoria elaborada, pode ser encontrada no pensamento medieval de Tomás de Aquino, passando pelas encíclicas que consubstanciam a influência do pensamento cristão em questões de política social, chegando a um conceito moderno e de aplicação contemporânea nos âmbitos nacional e internacional, conforme será demonstrado.

Ressaltamos que, embora haja uma expressão forte da subsidiariedade na Doutrina Social da Igreja Católica, e nela uma notável contribuição para sua dogmatização e formulação contemporâneas, não consideramos tal doutrina como terreno histórico exclusivo no qual a subsidiariedade tenha erguido suas bases. A Igreja, a nosso ver, é uma fonte teórica ao lado de outras fontes.

2.2.1. Origem filosófica, sociológica e política

A ideia de subsidiariedade remonta a Aristóteles[67] (384-322 a.C.), sendo possível extrair do estudo de suas obras elementos característicos desse princípio, evidentemente com uma roupagem diferente da que lhe atribuímos hodiernamente.

O pensamento aristotélico desenvolve uma representação de sociedade formada por grupos diversos com tarefas específicas, cada um deles realizando suas próprias necessidades, sendo que as atividades da vida cotidiana deveriam ser desenvolvidas pela família. À cidade caberia se ocupar de atividades mais amplas, apenas agindo diante da insuficiência da família para realização de seus fins.

Estariam, portanto, presentes no pensamento aristotélico as primeiras manifestações da subsidiariedade como expressão do pluralismo social, mas não como autonomia individual ou de grupos conforme notamos somente a partir da modernidade.

---

(66) QUADROS, Fausto de. *O princípio da subsidiariedade no direito comunitário após o tratado da União Europeia*, p. 18.

(67) ARISTÓTELES. *Política*, 2004, I, 2, 1.252 *b* 10 e segs. e 1.253 *a* 25, e VII, 14, 1.332 *b* 20.

Aristóteles faz uso da subsidiariedade procurando alertar para a possibilidade de um Estado onipotente, advertindo acerca da necessidade de um limite para o excesso de ingerência por parte do poder público.[68]

A cidade-Estado, organização política da Grécia nesse período da Antiguidade, garantiria sua plena suficiência como ideia de autarquia ou autossuficiência, todavia sem que com isso as associações menores fossem absorvidas pela entidade autárquica.

Reconhecendo que, em certas tarefas, as associações menores são insuficientes para suprir todas as suas necessidades, age a cidade-estado como entidade autárquica, sem necessariamente absorver a iniciativa dos grupos menores, e principalmente sem desconsiderar aquilo de que eles são capazes.

Sendo assim, o grupo revela-se capaz e incapaz de atender às suas necessidades e atividades próprias, gerando uma ambivalência, ao mesmo tempo em que se justifica a atuação de cada autoridade, valorizando-se e respeitando-se o domínio e capacidade de cada qual. É nesse contexto que o grupo familiar se ocupa de assuntos privados, enquanto a cidade ultrapassa esses limites de atuação.[69]

É finalidade da cidade-Estado criar condições para uma vida feliz segundo a filosofia política aristotélica, e para tanto é imprescindível a superposição dos diversos grupos que compõem o corpo social, respeitando a atuação e atendendo às necessidades da esfera imediatamente inferior, num funcionamento análogo ao de um organismo vivo.

Para Aristóteles, não é a sociedade apenas um meio para atingir aquilo que suas partes não conseguiriam se vivessem isoladamente, como a segurança ou a riqueza, mas sim atender ao contínuo aperfeiçoamento do homem, proporcionando um todo de felicidade harmônico.

Para tanto, vale exemplificar: quando o poder político passa a dirigir tudo, comprimindo a vida de todos, atuando além das insuficiências existentes, passa a exercer uma função de déspota, não apenas cumprindo com sua função de governo, mas agindo como administrador sem limites na sua intervenção.

Para Aristóteles, a subsidiariedade é condição para harmonia entre as várias partes do todo, ainda que não exista na filosofia política aristotélica um conceito desenvolvido de autonomia; este último consiste num termo associado à noção de subsidiariedade, que inicia seu desenvolvimento ainda na Idade Média e atinge seu apogeu na Modernidade.

Na Idade Média, a noção de subsidiariedade, como herança de uma filosofia da pessoa, desenvolvida a partir de Boécio e herdada por Tomás de Aquino[70] (século XIII), ganha um significado teórico-fundamental, uma vez que esse pensador defende

---

(68) SARAIVA, Rute Gil. *Sobre o princípio da subsidiariedade*: gênese, evolução, interpretação e aplicação, p. 16.

(69) BARACHO, José Alfredo de Oliveira. *O princípio de subsidiariedade: conceito e evolução*, p. 54.

(70) É possível encontrar menção à noção de subsidiariedade na análise da obra de Tomás de Aquino, *Suma Teológica*, 1979, II, II, cap. 64. artigo 2; *Contra Gentiles*, III, cap. 73; e *De Regno*, I, cap. XV.

categoricamente a necessária diversidade e distinção de funções na sociedade, de modo que o respeito às diferenças permita a cada um realizar sua finalidade singular.[71]

É a partir da filosofia tomista, como referencial sistematizador da noção de subsidiariedade, que o homem, considerado um animal social e político que se associa aos outros semelhantes para convívio e cooperação, pode, por meio da vida em sociedade, e só assim, atingir um estágio de desenvolvimento ético e alcançar a felicidade, tendo como pressuposto a liberdade dos membros do corpo social.

Nesse sentido, a verdadeira liberdade consiste na possibilidade situacional que o homem tem para escolher, manifestar e difundir seus valores, morais ou políticos, a fim de realizar a si próprio, no seio da comunidade política.

Portanto, a inclinação à vida gregária, inerente à própria natureza humana, conduz o ser humano à vida em sociedade, visando suprir suas deficiências pessoais, tendo em vista que o homem não é autossuficiente, o que leva ao estabelecimento de um ambiente que propicie o desenvolvimento das virtudes próprias de sua natureza, como ser racional e social.

A família, como primeiro elemento da composição social natural, garante e promove o desenvolvimento de seus membros, atuando de maneira autônoma em relação às barreiras existentes para o desenvolvimento social completo. Para o pleno equilíbrio em cada membro da estrutura social, é necessária a atuação de cada um, no que lhe compete, agindo de maneira a cumprir com sua parcela de contribuição, tendo como fim maior o bem coletivo. A família exerce, pois, um papel subsidiário em relação a cada um dos seus membros internos.

O corpo familiar, no entanto, demonstra-se insuficiente para suprir as necessidades em níveis de relacionamento de maior complexidade, cessando nesses limites seu papel. Uma instância acima da unidade familiar deve assumir esse âmbito mais amplo de atuação, proporcionando e suprindo tudo quanto à família não foi possível atender. Este nível social superior surge da união de várias unidades familiares, dando origem ao que viriam a ser as comunidades.

Contudo, o surgimento de uma estrutura política capaz de conduzir as instâncias inferiores a fim de atingirem o pleno desempenho de suas funções seria inevitável neste contexto. Para tanto, o exercício do poder político não se efetiva meramente como instância de dominação, mas de organização e orientação.

O surgimento de instâncias superiores ao corpo familiar significa, por sua vez, a manutenção do respeito pelo desenvolvimento da instância inferior, agindo de maneira apenas subsidiária, atuando harmonicamente, permitindo que a família continue a prover, no que for capaz, o desenvolvimento humano da coletividade, agindo, assim, apenas no que lhe couber, como instância subsidiária.

---

(71) AMARAL, Carlos Eduardo Pacheco. *Do Estado soberano ao Estado das autonomias:* regionalismo, subsidiariedade e autonomia para uma nova ideia de Estado, p. 266-267.

Para Tomás de Aquino, a família existe para o fornecimento de condições e bens suficientes para a nutrição, geração dos filhos e assemelhados; a cidade, para fornecer o necessário à vida; o reino, para a defesa contra o inimigo. Ele chega a conceber o desenvolvimento de uma comunidade política mundial, em que todas as comunidades políticas seriam prolongamento da natureza social e política do homem.

O político, nessa perspectiva tomista, não é arbitrário nem artificial, nem se impõe sobre o social e sobre as pessoas; ao contrário, tem a finalidade de garantir condições que permitam a elas cumprir seus objetivos particulares, sendo subsidiário frente ao pessoal e ao social; ele não é um valor em si e por si mesmo, é um meio para a autoconstrução e aperfeiçoamento do ser humano, não criando a pessoa ou a sociedade, mas servindo a ambos.

Diante disso, todas as sociedades políticas, desde a família até à comunidade universal, são remetidas à própria natureza humana.[72]

A marca da subsidiariedade, na perspectiva tomista, determina que a integralidade do ser humano não pode sofrer interferência do político, a não ser quando o político servir ao social e ambos servirem às pessoas, pois o social não cria a pessoa, nem o político cria o social, ambos servem à pessoa; onde a personalidade do homem não necessita nem do social — das diversas instâncias sociais que são criadas por ele — nem do político, aí ambos não podem legitimamente penetrar, pois é de se observar que:

> Cada homem possui um âmbito de espiritualidade, centelha de divino, que não necessita de qualquer auxílio exterior para autorrealizar e para cumprir a finalidade que imprime ao homem. Através dele, cada homem constitui-se como um todo, naturalmente completo em si mesmo (...) Não é na condição social e política que se encontra a identidade mais profunda do homem, mas na sua personalidade. E, por outro lado, são estas características humanas da personalidade, de individualidade e de vocação para a perfeição que fundamentam e legitimam a sua condição social e política. Para o gênero humano, o social é natural precisamente porque é só através dele que a personalidade de cada homem se pode cumprir.[73]

Da mesma forma:

> As comunidades apresentam mais que somatórios abstratos dos indivíduos que as integram. São entidades que possuem uma dignidade ontológica privativa que lhes foi atribuída pela própria natureza e, portanto, superam os indivíduos que nelas se integram situando-se para além da vontade artificial de cada um, até mesmo de todos coletivamente. Tudo isto sem alguma vez se encontrar em causa a dignidade e a autonomia das pessoas e das comunidades menores naquilo que se reportar à sua finalidade e aos

---

(72) AMARAL, Carlos Eduardo Pacheco. *Do Estado soberano ao Estado das autonomias:* regionalismo, subsidiariedade e autonomia para uma nova ideia de Estado, p. 275-277.

(73) *Ibidem*, p. 277-278.

seus valores específicos (...) [pois] cada comunidade política encontra-se incumbida do dever de respeitar, fazer respeitar e potenciar, integralmente, a identidade decorrente da personalidade e das finalidades privativas de cada um dos elementos que aglutina — indivíduos, famílias, municípios, províncias, regiões, Estados (...)[74]

Cada instância é um todo em si mesma, mas que se desenvolve integrada numa pluralidade de todos superiores, dentro de uma normatividade que os liga e garante a satisfação de seus interesses e necessidades. O poder político é distribuído equitativamente entre as partes ou instâncias sociais, no sentido de que cada ser humano e cada comunidade possa *bem viver* a sua condição peculiar e finalidades específicas. Se o poder político acaba sendo coercitivo nessas circunstâncias, é para, na justa medida, ser o meio de o homem alcançar a sua felicidade, conforme sua natureza e finalidades; ele funciona como aglutinador, guia, auxílio, a partir de um quadro social de base que o poder político deve servir. Ainda mais, deve decifrar capacidades e limitações de pessoas e comunidades, para determinar os parâmetros de sua atuação, que sempre deve ser suplementar às deficiências e carências das instâncias sociais inferiores, assim como reconhecedor do potencial, das capacidades das mesmas e de seu direito de serem autônomas.

O poder, assim, tem função subsidiária, porque obriga na medida em que serve, respeitando a autonomia e atuando onde se mostra necessário, a fim de contribuir para a realização da condição humana, sendo legítimo somente nessa medida.[75]

Para a análise tomista, uma comunidade é o conjunto daqueles que se reuniram associativamente, no quadro de um mesmo ordenamento jurídico-político, para assegurarem as condições do bem viver e, dessa forma, o poder pertence àquelas pessoas que formaram as comunidades de base; são elas que devem definir participativamente, junto com os demais níveis sociais envolvidos e interessados, a delegação de competência para instâncias sociais superiores. O poder político exige a participação de todos no governo e seu exercício se dá conforme o direito, que vincula a todos, negando-se o seu exercício como arbitrariedade de um governante.[76]

A despeito das raízes excessivamente longínquas da subsidiariedade em Aristóteles e Tomás de Aquino, encontramos o mesmo princípio, com um formato mais adequado à sua composição atual no Direito Comunitário, em análises da filosofia, sociologia e ciência política no pensamento moderno[77] a partir do século XVIII.

---

(74) AMARAL, Carlos Eduardo Pacheco. *Do Estado soberano ao Estado das autonomias:* regionalismo, subsidiariedade e autonomia para uma nova ideia de Estado, p. 279.

(75) *Ibidem*, p. 279-283.

(76) *Ibidem*, p. 284-289. Em BARACHO, José Alfredo de Oliveira. *O princípio de subsidiariedade: conceito e evolução*, p. 47-52, um resumo do sentido e significado de subsidiariedade, a partir de estudos diversos que partem da Doutrina Social da Igreja como base de pré-compreensão do fenômeno e instituto.

(77) Autores, como Johannes Messner, identificam elementos do princípio somente a partir do Renascimento, com o total alcance da igualdade da natureza de todos os homens, como elevação de uma consciência moral-jurídica.

Por outro lado, identificamos elementos do princípio de subsidiariedade em pensadores que, na maioria das vezes, não guardam proximidade teórica entre si, tais como Locke e Proudhon[78], teórico do federalismo e do anarquismo, para quem a sociedade é mais do que a soma de indivíduos, instituindo de forma precursora uma divisão de responsabilidades; em Tocqueville, que faz uso da subsidiariedade para confrontar o absolutismo no que diz respeito ao papel do Estado na relação com o indivíduo; em Stuart Mill, reconhecendo a dificuldade de recortar com exatidão as atribuições dos diferentes patamares de decisão; Ketteler, que usa a expressão subsidiário à autoridade estadual no sentido de legitimar e impor uma ação supletiva do Estado em nome da dignidade da pessoa humana; Von Mohl e Jellinek, os quais destacam as relações da subsidiariedade com o federalismo e Kuyper, que reclama o direito de intervenção subsidiária do Estado quando necessário.[79]

No período moderno, sobretudo influenciado pelas revoluções do século XVIII, consideramos a concepção de Althusius como sendo uma fiel apologia pós-medieval da autoridade subsidiária.[80]

A formação da sociedade idealizada por Althusius, baseada em pactos políticos, garante a subsistência de autonomias, onde cada grupo defende seu âmbito próprio de atuação. Esse modelo de pacto exposto por Althusius difere, exemplificativamente, do modelo de Hobbes, uma vez que em Hobbes as comunidades intermediárias entre o súdito e o soberano são assimiladas e suprimidas umas pelas outras, e todas pelo absolutismo monárquico.

Na modernidade, a subsidiariedade une-se ao conceito de autonomia, de modo que cada indivíduo passa a ser considerado como uma instância autônoma, consistente num todo em si mesmo, sendo a sociedade política um todo, composta de todos. A sociedade é, nessa medida, formada pela escolha livre e racional de cada indivíduo, e não mais por uma inclinação natural do homem, tal como se dava no pensamento dos antigos.

A partir do século XVIII, a subsidiariedade pode ser vista como: "base fundamental da ordem jurídica do Estado Social de Direito: a sociedade politicamente organizada estrutura-se à semelhança de uma pirâmide com uma base larga constituída de indivíduos, seguida de corpos intermédios e pelo Estado no topo, mas sem o monopólio da decisão por questões de necessidade e eficácia. Assim, o interesse público é prosseguido de preferência, quando possível, pelos níveis mais próximos dos cidadãos, assegurando a democracia, porque participativa."[81]

Ainda em chave histórica, é importante destacar a influência da Doutrina Social da Igreja para o desenvolvimento do princípio de subsidiariedade, ainda que, como já mencionado, não constitua a principal fonte histórica da noção de subsidiariedade, mas

---

(78) QUADROS, Fausto de. *O princípio da subsidiariedade no direito comunitário após o tratado da União Europeia*, p. 12.

(79) SARAIVA, Rute Gil. *Sobre o princípio da subsidiariedade*: gênese, evolução, interpretação e aplicação, p. 17.

(80) BARACHO, José Alfredo de Oliveira. *O princípio de subsidiariedade: conceito e evolução*, p. 55.

(81) SARAIVA, Rute Gil. *Sobre o princípio da subsidiariedade*: gênese, evolução, interpretação e aplicação, p. 17.

sendo considerada como uma instância que, influenciada pela filosofia de pensadores como Boécio, Tomás de Aquino, Dante e outros, soube apoderar-se da referida noção e, de certa forma, dogmatizar o princípio de subsidiariedade em diferentes formatos, em termos quase contemporâneos.

Passamos a verificar como isso se deu, por meio da análise de algumas encíclicas.

2.2.2. Subsidiariedade na Doutrina Social da Igreja

A construção dogmática do conceito sociofilosófico de subsidiariedade é assumida pela Igreja Católica no final do século XIX, quando, efetivamente, a Doutrina Social da Igreja volta-se a questões de justiça social.[82]

Influenciada pelo pensamento de Tomás de Aquino na Idade Média, a Doutrina Social da Igreja concebeu a sociedade como fruto do impulso natural do ser humano. Todas as coletividades existem para a realização da personalidade e o bem comum de todas as pessoas, com suas autonomias e competências; estas derivam não de uma concessão do Estado, mas da adequação para realização de suas finalidades intrínsecas.

> Síntese e superação de capitalismo e de socialismo, de individualismo e totalitarismo, de liberalismo e de lutas de classes, e antítese exata da ideia de razão de Estado, os princípios fundamentais da autonomia e da subsidiariedade emergem a partir de uma concepção pluralística da sociedade, como conjugação de liberdade com a sociabilidade natural que caracteriza o ser humano.[83]

O princípio de subsidiariedade se expressa, em termos de conceito na Doutrina Social da Igreja, como um princípio de organização social capaz de delimitar esferas de atuação entre as associações menores e o poder político.

Essa iniciativa da Igreja, quando se volta para questões sociais, visava, "por um lado, a contrapor a autonomia do indivíduo e o pluralismo da vida social às ideologias coletivistas dos finais do século XIX e do início do XX, e, por outro lado, a combater os excessos dos liberalismos, que pretendiam a supressão do papel do Estado na vida social e econômica".[84]

O fato é que podemos notar na Doutrina Social da Igreja, a partir dessa época, a solidariedade e a participação como conceitos fundamentais, ao lado de autonomia e subsidiariedade como princípios estruturais da sociedade.

Importante ressaltar que a concepção da doutrina cristã do princípio de subsidiariedade encontra-se, de certa forma, na visão de alguns autores, afastada do conceito

---

(82) SARAIVA, Rute Gil. *Sobre o princípio da subsidiariedade:* gênese, evolução, interpretação e aplicação, p. 18.

(83) AMARAL, Carlos Eduardo Pacheco. *Do Estado soberano ao Estado das autonomias:* regionalismo, subsidiariedade e autonomia para uma nova ideia de Estado, p. 289-90. (grifo do autor)

(84) QUADROS, Fausto de. *O princípio da subsidiariedade no direito comunitário após o tratado da União Europeia,* p. 14.

adotado no direito comunitário europeu atualmente, sobretudo porque não se trata agora de relações sociais intraestatais como antes se via, mas relações jurídico-políticas entre Estados nacionais e uma comunidade supranacional.[85]

Ainda assim, é possível encontrar em textos oficiais da Igreja, responsáveis pela composição de sua doutrina[86], uma manifestação importante sobre questões de cada período, identificando e demonstrando como existe, nos termos da Doutrina Social da Igreja Católica, uma práxis da subsidiariedade que encontra forte respaldo teórico-doutrinário não apenas no humanismo moderno, mas sobretudo nas fontes matriciais da Doutrina Social da Igreja, a saber, em Boécio, herdada por Tomás de Aquino.

A série dos textos oficiais se inicia com a Encíclica[87] *Rerum Novarum* do Papa Leão XIII (1891). Esta encíclica contém, ainda que implicitamente, o germe da subsidiariedade. Historicamente, esse primeiro documento que consagra o princípio de subsidiariedade surge num período de evidente transição do Estado Liberal ao Estado Social de Direito.

A preocupação com a questão social se manifesta, no século XIX, motivada pelas consequências desastrosas do liberalismo econômico, acentuando ainda mais as desigualdades econômicas e sociais, ocasionando enormes misérias.

Naquele documento, é clara a ênfase na importância do homem, como pessoa e como membro do corpo social, evidenciando sua precedência em relação ao Estado. O papel do Estado é intervir nas relações sociais em situações de conflito, assegurando sua função precípua, que é garantir o bem comum, sobretudo na realização do que se denomina justiça distributiva.[88] Há uma ênfase por parte da Igreja em legitimar, e até mesmo em incentivar, a intervenção social do Estado como remédio para os flagelos existentes.

---

(85) SARAIVA, Rute Gil. *Sobre o princípio da subsidiariedade:* gênese, evolução, interpretação e aplicação, p. 19.

(86) Para Alberto Moncada Lorenzo em *"El Princípio de Subsidiariedad del Estado y el Regimen Jurídico Administrativo". Revista General de Legislación y Jurisprudencia,* fev. 1962, p. 10, nota n. 12, citado por Silvia Faber Torres, a Doutrina Social da Igreja não constitui um corpo jurídico cuja infração acarrete sanções para os seus contraventores. Pode ser, como de fato o é, fonte de mérito e pecado para a consciência do cristão no que toca às obrigações impostas moralmente. O que importa, enfim, é a sua missão legítima, de ensinar e dirigir os fiéis à consecução de seu fim último. Assim, embora o magistério da Igreja inclua a doutrina da subsidiariedade entre os pontos fundamentais da reforma social cristã, pode-se afirmar que ela seria mais uma definição de obrigações morais que uma lei formal, um critério de atuação que um molde rígido de conduta e, portanto, a postura do católico ante a mesma, uma vez reconhecida sua autenticidade e sua procedência hierárquica, é de aceitá-la integralmente, sem reservas, sem colocar-se o problema de vigência ou obrigatoriedade, com consciência clara de que é um ponto de partida doutrinal indiscutível.

(87) Derivado do grego *"enkyklos"* (circular), é, na terminologia do direito canônico, entendida como a epístola apostólica, ou seja, a constituição emanada do pontífice, contendo regras doutrinárias ou disciplinares, a qual é dirigida indistintamente (circular), a todos os bispos da comunidade católica, onde quer que se encontrem.

(88) CINTRA, Fernando Pimentel. *O Princípio da subsidiariedade no direito administrativo,* p. 16.

Conforme salienta Torres: "[...] a Carta leoniana, ao defender o direito à propriedade privada contra o furor socialista e o trabalhador contra a exploração do individualismo econômico[89], erigiu como peça chave de toda sua doutrina a dignidade da pessoa humana, que viria, posteriormente, nas Encíclicas que a sucederam, a ser o fundamento maior da subsidiariedade".

Posteriormente, e representando uma evolução no tratamento da subsidiariedade, temos a Encíclica *Quadragesimo Anno* (1931), sob o pontificado do Papa Pio XI, ao celebrar os quarenta anos da *Rerum Novarum*. O texto faz menção expressa à noção de subsidiariedade. O comportamento intervencionista e absoluto dos Estados que atuavam no cenário histórico-político da época era evidente, destacando-se pouco mais tarde os modelos totalitários do nazismo e fascismo.[90]

Esta formulação precisa ilustra a grande preocupação da Igreja na questão social da época. A leitura de parte da própria encíclica é a melhor forma de se compreender tal formulação:

> O vício do já referido individualismo levou as coisas a extremo, que, enfraquecida e quase extinta aquela vida social outrora rica e harmonicamente manifestada em diversos gêneros de agremiações, quase só restam os indivíduos e o Estado. Esta deformação do regime social não deixa de prejudicar o próprio Estado, sobre o qual recaem todos os serviços que as agremiações suprimidas prestavam e que verga ao peso de negócios e encargos quase infinitos.[91]
>
> Verdade é, e a história o demonstra abundantemente, que, devido à mudança de condições, só as grandes sociedades podem hoje levar a efeito o que antes podiam até mesmo as pequenas; permanece, contudo, imutável aquele solene princípio da filosofia social: assim como é injusto subtrair aos indivíduos o que eles podem efetuar com a própria iniciativa e capacidade, para o confiar à coletividade, do mesmo modo passar para uma sociedade maior e mais elevada o que sociedades menores e inferiores podiam conseguir, é uma injustiça, um grave dano e perturbação da boa ordem social. O fim natural da sociedade e da sua ação é **subsidiar** os seus membros, não destruí-los nem absorvê-los.
>
> Deixe, pois, a autoridade pública ao cuidado de associações inferiores aqueles negócios de menor importância, que a absorveriam demasiadamente; poderá

---

(89) Interessante observar que tão rico era o seu ensinamento que sobre ele recaíram árduas críticas, tanto dos liberais, que acusaram o Pontífice de socialista por pregar o coletivismo e defender os pobres e os trabalhadores, como dos socialistas, para quem o pensamento de Leão XIII pecava pelo individualismo. (TORRES, Silvia Faber. *O princípio da subsidiariedade no direito público contemporâneo*. 2001).

(90) Silvia Faber Torres acentua que o contexto de desordem em que foi publicada a *Quadragesimo Anno* era fruto basicamente da grande crise de 1929, provocada pelo fracasso do liberalismo, do socialismo ditatorial imposto pela Rússia e, mais tarde, dos regimes totalitários que levaram a efeito Hitler e Mussolini em seus países, todos inspirados em uma ideologia totalmente alheia ao Cristianismo.

(91) *Quadragesimo Anno*, parágrafo 79.

então desempenhar mais livre, enérgica e eficazmente o que só a ela compete, porque só ela o pode fazer: dirigir, vigiar, urgir e reprimir, conforme os casos e a necessidade requeiram. Persuadam-se todos os que governam: quanto mais perfeita ordem hierárquica reinar entre as várias agremiações, segundo este princípio da subsidiariedade [função 'supletiva'] dos poderes públicos, tanto maior influência e autoridade terão estes, tanto mais feliz e lisonjeiro será o estado da nação.[92] (grifo nosso)

É notável a clareza com que o documento expressa a ideia de subsidiariedade, a necessária intervenção do Estado para subsidiar a iniciativa da sociedade, sem suprimir ou absorver as pessoas, as famílias ou os grupos menores. Para o Estado, assumir incumbências em demasia é tão nocivo quanto se abster totalmente de suas responsabilidades.

A importância da subsidiariedade não está apenas no fato de estabelecer uma forma de organização política indicando um caminho suficiente para conduzir a população ao bem-estar, mas sobretudo, indicar um conjunto de pontos básicos, que dizem respeito ao valor absoluto da pessoa, da liberdade e de tudo quanto contribua para a realização plena da dignidade da pessoa humana.

Após a menção explícita da subsidiariedade em 1931, outros documentos se encarregaram de reafirmar o princípio de subsidiariedade. É o que ocorre com a publicação da Encíclica *Mater et Magistra*, em 1961, do Papa João XXIII, reafirmando o princípio e enfatizando seu aspecto econômico de aplicação.[93]

Em se tratando do Estado, destaca o enunciado da respectiva encíclica:

> "[...] cujo fim é promover o bem comum na ordem temporal, não pode de modo algum permanecer à margem das atividades econômicas dos cidadãos, senão que, pelo contrário, há de intervir com oportunidade, primeiro, para que aqueles contribuam a produzir a abundância de bens materiais, cujo uso é necessário para o exercício da virtude, e segundo, para tutelar os direitos de todos os cidadãos, sobretudo dos mais débeis, quais sejam os trabalhadores, as mulheres e as crianças". "Ademais, constitui uma obrigação do Estado vigiar que os contratos de trabalho se regulem de acordo com a justiça e a equidade, e que, ao mesmo tempo, nos ambientes de trabalho não sofra míngua, nem o corpo nem o espírito, a dignidade da pessoa humana". Por outro lado, "os trabalhadores têm o direito natural não só de formar associações próprias ou mistas de obreiros e patrões, com a estrutura que consideram mais adequada ao caráter de sua profissão, senão também para moverem-se livremente e por iniciativa própria no seio de ditas associações, segundo exijam seus interesses". Na mesma Encíclica, "trabalhadores e

---

(92) *Quadragesimo Anno*, parágrafo 80.

(93) A Encíclica *Mater et Magistra*, em seus parágrafos de ns. 11, 12, 13, 14 dá uma exata visão do cenário histórico, econômico e social do final do século XIX. Ainda em seu parágrafo 53, diz que "a ação dos poderes, que deve ter caráter de orientação, de estímulo, de coordenação, de suplência e de integração, há de inspirar-se no *'princípio de subsidiariedade'*". (grifo nosso)

empresários devem regular suas situações mútuas inspirando-se nos princípios de solidariedade humana e cristã fraternidade, já que tanto a livre competência ilimitada que o liberalismo propugna como a luta de classes que o marxismo predica são totalmente contrárias à natureza humana e à concepção cristã de vida".

Fica assim descrita a postura da Doutrina Social da Igreja, contrária tanto às ideologias do liberalismo como do intervencionismo estatal excessivo, com destaque para o entendimento de que todo ordenamento visa à proteção da autonomia da pessoa humana, em face das estruturas sociais.[94]

É nítida a preocupação do Papa João XXIII com a justiça, quando da reformulação da noção de subsidiariedade, fundamentando suas ideias em Pio XI, sobretudo no que diz respeito à ação dos poderes públicos na ordem econômica, conforme consta do parágrafo 53 do documento:

> Esta ação previdente do Estado, que protege, estimula, coordena, supre e completa a atividade dos particulares, há de inspirar-se no princípio da subsidiariedade, assim formulado por Pio XI na Encíclica *Quadragesimo Anno:* "Permanece, contudo, firme e imutável em filosofia social aquele importantíssimo princípio, que não se pode alterar nem mudar: assim como não é lícito tirar aos indivíduos para atribuir à comunidade o que eles podem realizar com o seu próprio esforço e atividade, assim, também, é uma injustiça e, ao mesmo tempo, constitui um grave dano e perturbação da reta ordem transferir para uma sociedade maior e mais elevada o que as comunidades menores e inferiores poder fazer e proporcionar; pois, toda intervenção social, por sua força e natureza, deve trazer ajuda aos membros do corpo social, nunca, porém, destruí-los ou absorvê-los".

A Encíclica *Pacem in Terris* (1963), também sob o pontificado do Papa João XXIII, discorre igualmente sobre a subsidiariedade em um de seus parágrafos, esclarecendo que "as relações dos poderes públicos com os cidadãos, as famílias e os corpos intermédios devem ser regidos e equilibrados pelo princípio da subsidiariedade".[95]

Este texto papal de 1963 menciona pela primeira vez a ideia de elevar a aplicação do princípio de subsidiariedade para o campo internacional, conforme transcrevemos:

> Como as relações entre os indivíduos, famílias, organizações intermédias e os poderes públicos das respectivas comunidades políticas devem estar reguladas e moderadas, no plano nacional, segundo o princípio de subsidiariedade, assim também, à luz do mesmo princípio, devem disciplinar-se as relações dos poderes públicos de cada comunidade política com os poderes públicos da comunidade mundial. Isto significa que os problemas de conteúdo

---
(94) BARACHO, José Alfredo de Oliveira. *O princípio de subsidiariedade:* conceito e evolução, p. 26.
(95) *Pacem in Terris,* parágrafo 140.

econômico, social, político ou cultural, a serem enfrentados e resolvidos pelos poderes públicos da comunidade mundial hão de ser da alçada do bem comum universal, isto é, serão problemas que pela sua amplidão, complexidade e urgência os poderes públicos de cada comunidade política não estejam em condições de afrontar com esperança de solução positiva.

Os poderes públicos da comunidade mundial não têm como fim limitar a esfera de ação dos poderes públicos de cada comunidade política e nem sequer de substituir-se a eles. Ao invés, devem procurar contribuir para a criação, em plano mundial, de um ambiente em que tanto os poderes públicos de cada comunidade política, como os respectivos cidadãos e grupos intermédios, com maior segurança, possam desempenhar as próprias funções, cumprir os seus deveres e fazer valer os seus direitos.[96]

Finalmente, a Encíclica *Centesimus Annus* (1991), de autoria do Papa João Paulo II, cem anos após a publicação do primeiro documento, reafirmou as principais diretrizes quanto ao princípio da subsidiariedade expressas na Doutrina Social da Igreja, conforme se pode depreender do texto abaixo:

> Uma estrutura social de ordem superior não deve interferir na vida interna de um grupo social de ordem inferior, privando-o de suas competências, senão que deve apoiá-lo em caso de necessidade e ajudá-lo a coordenar sua ação com os demais componentes sociais, com vistas ao bem comum.[97]

Ainda sobre o aspecto positivo do princípio, enfatizado nessa Encíclica, vê-se que:

> As funções de suplência são reconhecidas em geral ao Estado em situações excepcionais, por razões urgentes de bem comum, quando os chamados naturalmente a cumprir as competências de que se trate não estejam em condições de fazê-lo. Por isso, devem ser limitadas no tempo, para não privar indefinidamente as competências de ditos setores sociais.

Diante dos textos acima mencionados, constata-se, portanto, que nas encíclicas pode-se identificar algumas características da dogmatização do princípio de subsidiariedade, sendo considerado um princípio jurídico de direito natural, fundado sobre uma concepção cristã de natureza humana. É constatável nos textos das encíclicas uma evolução no tratamento da concepção de subsidiariedade, partindo de argumentos favoráveis a uma intervenção social por parte do Estado para conter as injustiças existentes, contrapondo-se em um segundo momento ao coletivismo autoritário, tanto de fundamentação marxista ou fascista, chegando por fim a considerar o princípio como um critério de orientação nas relações internacionais.

É marcante na reflexão histórica e social dessa doutrina uma ênfase na "natureza da pessoa e da sociedade, a anterioridade e primado da pessoa evidenciando a múltipla

---

(96) *Pacem in Terris,* parágrafo 139–140.

(97) *Centesimus Annus,* parágrafo 48.

dimensão social da mesma",[98] não significando todavia, que "a sociedade seja um *a priori* para servir o indivíduo. Pelo contrário, existe uma relação de interdependência entre os dois".[99]

A Doutrina da Igreja assume a subsidiariedade como medida de autonomia, considerando que tanto o Estado como as associações intermediárias encontram sua origem na própria vontade do indivíduo, e que este, inserido na sociedade não deverá perder sua personalidade, ou seja, seu *status* de pessoa.

A Doutrina Social da Igreja representa, pois, valorosa contribuição para a consolidação do princípio de subsidiariedade sobretudo na Europa. Contribuição poderosamente reforçada com o aparecimento de teorias, como o Personalismo de Mounier, encontrando na pessoa o ponto de partida, o caminho a percorrer e o termo de qualquer divisão de poder. O que se pretende é conceder ao indivíduo a maior margem de ação possível, sem, contudo, esquecer a ajuda aos mais fracos.

O Humanismo surge intimamente ligado à solidariedade, estimulado evidentemente pelos ensinamentos cristãos, tendo acolhido a subsidiariedade por influência da própria Doutrina Cristã.

Assim, considerando a forma como o princípio de subsidiariedade se expressa na Doutrina Social da Igreja não como origem histórica mas como expressão institucional relevante[100], e mesmo considerando que o tratamento original dado pela Doutrina da Igreja teria pouca relação com o formato atual do princípio, não podemos deixar de reconhecer que a construção dogmática levada a efeito pela Doutrina Social inspirou rumos e estendeu as bases para o futuro desenvolvimento do princípio de subsidiariedade em ordenamentos jurídicos nacionais e internacionais.

2.2.3. Expressão em textos jurídicos

Embora reconheçamos que o princípio de subsidiariedade, como tantos outros, em muitos casos, não se encontra mencionado expressamente nos ordenamentos jurídicos estatais, já que muitas noções jurídicas decorrem por vezes de conceitos, regras ou princípios, que acabam por condicionar seu âmbito de aplicação, tratando-se em grande parte, de noção de ordem doutrinária,[101] é possível notar sua presença em textos jurídicos conforme demonstraremos.

Com aplicação interna, vamos encontrar primeiramente no federalismo a expressão da subsidiariedade, considerando que, "o federalismo confere o substrato organizativo

---

(98) CABRAL R. *Princípio de subsidiariedade*, p. 1.014.

(99) SARAIVA, Rute Gil. *Sobre o princípio da subsidiariedade*: gênese, evolução, interpretação e aplicação, p. 22.

(100) Sobre a manifesta influência do Magistério da Igreja Católica na difusão do princípio de subsidiariedade, podemos citar o acolhimento da subsidiariedade pelos fundadores do Personalismo, Emannuel Mounier e Denis de Rougemont. QUADROS, Fausto de. *O princípio da subsidiariedade no direito comunitário após o tratado da União Europeia,* p. 15-16.

(101) SARAIVA, Rute Gil. *Sobre o princípio da subsidiariedade:* gênese, evolução, interpretação e aplicação, p. 31.

ideal à subsidiariedade".⁽¹⁰²⁾ Isso se dá justamente por se ter encontrado no federalismo a capacidade de conciliar a pluralidade de interesses e a adoção de uma política cujas decisões estejam o mais próximo possível dos cidadãos.

Em defesa do federalismo, adotado preponderantemente pela lei fundamental alemã de 1949, perfilam-se argumentos favoráveis, como a preservação da diversidade histórica e a facilidade na proteção das minorias. Nesse sentido, a aplicação do princípio de subsidiariedade constitui meio eficaz de proteção da liberdade, concorrendo para o fortalecimento da democracia por meio da facilitação da participação.

Todos esses pontos concorrem para a ideal alocação do princípio de subsidiariedade no modelo federal de Estado, considerando ser o cenário adequado para melhor realização da pessoa, das sociedades intermediárias e do próprio Estado.

Com aplicação externa, vêmo-lo integrar o direito comunitário europeu como princípio de distribuição do exercício de atribuições entre a União Europeia e os Estados-membros; notamos aqui claramente que as ideias sobre subsidiariedade seguem, desde o início, a formulação dos tratados destinados à elaboração das comunidades internacionais.

A Europa, como pioneira nesse processo de integração, preocupou-se desde o princípio com a eventual possibilidade de sacrificar a individualidade e identidade específica dos Estados nacionais em benefício da integração. Para demonstrar a evolução do princípio no direito comunitário, empregaremos um esforço de ordem cronológica, iniciando pela própria história da União Europeia.

Durante séculos, a Europa foi palco de frequentes guerras. Entre 1870 e 1945, a França e a Alemanha declararam guerra por três vezes, tendo por consequência elevadas perdas humanas. Vários dirigentes europeus convenceram-se de que a única forma de garantir uma paz duradoura entre os seus países seria uni-los simultaneamente em nível econômico e político.⁽¹⁰³⁾

Em 1950, num discurso inspirado por Jean Monnet, o Ministro francês dos Negócios Estrangeiros, Robert Schuman propôs a integração das indústrias do carvão e do aço da Europa Ocidental. Deste projeto nasceu, em 1951, a Comunidade Europeia do Carvão e do Aço (CECA) composta por seis membros: Alemanha Ocidental, Bélgica, França, Itália, Luxemburgo e Países Baixos.⁽¹⁰⁴⁾

O poder decisional sobre as indústrias do carvão e do aço nesses países foi colocado nas mãos de um órgão independente e supranacional denominado "Alta Autoridade", cuja presidência foi exercida por Jean Monnet.

A CECA alcançou um êxito tal que apenas alguns anos mais tarde os mesmos seis países decidiram ir mais longe e integrar outros setores das suas economias. Em 1957

---

(102) TORRES, Silvia Faber. *O princípio da subsidiariedade no direito público contemporâneo*, p. 212.

(103) ALMEIDA, Elizabeth Accioly Pinto de. *Mercosul & União Europeia*: estrutura jurídico-institucional, p. 55.

(104) CASELLA, Paulo Borba. *Comunidade europeia e seu ordenamento jurídico*, p. 49-74.

assinaram o Tratado de Roma, que criou a Comunidade Europeia da Energia Atômica (CEEA) e a Comunidade Econômica Europeia (CEE). Os Estados-membros decidiram suprimir os obstáculos comerciais que os separavam e constituir um "mercado comum".

Em 1967, as instituições das três Comunidades Europeias fundiram-se. A partir deste momento passou a existir uma única Comissão e um único Conselho de Ministros, bem como o Parlamento Europeu.

Inicialmente, os membros do Parlamento Europeu eram escolhidos pelos parlamentos nacionais, mas em 1979 realizaram-se as primeiras eleições diretas, que permitiram aos cidadãos dos Estados-membros votar pelo candidato da sua escolha. Desde então, têm se realizado eleições de cinco em cinco anos.

Na Holanda, o Tratado de Maastricht (1992) introduziu novas formas de cooperação entre os Governos dos Estados-membros, por exemplo nos domínios da defesa e da "Justiça e Assuntos Internos". Ao acrescentar essa cooperação intergovernamental ao sistema "comunitário" existente, o Tratado de Maastricht criou a União Europeia (UE).[105]

Após o Conselho Europeu de Nice (França), é assinado um novo Tratado (Tratado de Nice) que altera o Tratado da União Europeia e o Tratado que institui a Comunidade Europeia.

A integração econômica e política entre os Estados-membros da União Europeia implica que estes países devem tomar decisões em conjunto sobre inúmeras questões. Por conseguinte, desenvolveram políticas comuns numa vasta gama de domínios da agricultura à cultura, da defesa dos consumidores à concorrência, do ambiente e da energia aos transportes e ao comércio.

No início, a ênfase foi colocada numa política comercial comum para o carvão e o aço e numa política agrícola comum. Ao longo do tempo foram sendo acrescentadas outras políticas para dar resposta a novas necessidades. Alguns objetivos políticos essenciais mudaram à luz da evolução das circunstâncias. A necessidade de proteção do ambiente é agora tomada em consideração na elaboração do conjunto das políticas da UE.

As relações da União Europeia com o resto do mundo tornaram-se igualmente importantes. A UE negocia acordos comerciais e de cooperação com outros países e está a desenvolver uma Política Externa e de Segurança Comum (PESC).

A UE aumentou a sua dimensão com sucessivas vagas de adesões. A Dinamarca, a Irlanda e o Reino Unido aderiram em 1973, seguidos pela Grécia em 1981, pela Espanha e Portugal em 1986 e pela Áustria, Finlândia e Suécia em 1995. Em 2004 a União Europeia acolheu dez novos países: Chipre, República Checa, Estônia, Hungria, Letônia, Lituânia, Malta, Polônia, Eslováquia e Eslovênia. A Bulgária e a Romênia esperam seguir o mesmo caminho em 2007; a Croácia e a Turquia negociam adesão em 2005.

---

(105) ALMEIDA, Elizabeth Accioly Pinto de. *Mercosul & União Europeia:* estrutura jurídico-institucional, p. 56-59.

A fim de garantir que a UE alargada continue a funcionar de forma eficaz, é necessário dotá-la de um sistema decisional mais simples. Por esta razão, o Tratado de Nice, que entrou em vigor em 1º de fevereiro de 2003, estabeleceu novas regras que definiram a dimensão, bem como o funcionamento, das instituições da UE.

Em suma, a integração Europeia baseia-se em principalmente quatro tratados fundadores, a saber: O Tratado que instituiu a Comunidade Europeia do Carvão e do Aço (CECA), assinado em 18 de abril de 1951 em Paris, que entrou em vigor em 23 de julho de 1952 e foi extinto em 23 de julho de 2002; O Tratado que instituiu a Comunidade Econômica Europeia (CEE); O Tratado que instituiu a Comunidade Europeia da Energia Atômica (CEEA), assinado (juntamente com o Tratado CEE) em Roma, em 25 de março de 1957, e que entrou em vigor em 1º de janeiro de 1958; O Tratado da União Europeia, assinado em Maastricht em 7 de fevereiro de 1992 e que entrou em vigor em 1º de novembro de 1993.[106]

O Tratado de Maastricht alterou a designação da Comunidade Econômica Europeia para simplesmente "Comunidade Europeia". Introduziu igualmente novas formas de cooperação entre os governos dos Estados-membros — por exemplo, em matéria de defesa e na área da "justiça e assuntos internos". Ao acrescentar esta cooperação intergovernamental ao sistema "comunitário" existente, o Tratado de Maastricht criou uma nova estrutura com três "pilares" de natureza tanto política como econômica. Trata-se da União Europeia (UE).

Saliente-se ainda, a fim de evitar confusões, que os tratados fundadores foram alterados em diversas ocasiões, em especial no momento das novas adesões de 1973 (Dinamarca, Irlanda e Reino Unido), de 1981 (Grécia), de 1986 (Portugal e Espanha) e de 1995 (Áustria, Finlândia e Suécia). Houve ainda outras reformas com implicações importantes que introduziram grandes alterações a nível institucional e novas áreas de responsabilidade para as instituições europeias:

— O Tratado de Fusão, assinado em Bruxelas em 8 de abril de 1965 e que entrou em vigor em 1º de julho de 1967, que instituiu um Conselho único e uma Comissão única das três Comunidades Europeias; O Ato Único Europeu[107] (AUE), assinado em Luxemburgo e em Haia, entrou em vigor em 1º de julho de 1987. Prevê as adaptações a introduzir para completar o Mercado Interno;

— O Tratado de Amsterdã, assinado em 2 de outubro de 1997, entrou em vigor em 1º de maio de 1999. Alterou os Tratados da UE e CE, atribuindo números (em vez de letras) aos artigos do Tratado da UE;

---

(106) ALMEIDA, Elizabeth Accioly Pinto de. *Mercosul & União Europeia:* estrutura jurídico-institucional, p. 57-58.

(107) CASELLA, Paulo Borba. *Comunidade europeia e seu ordenamento jurídico,* p. 176.

— O Tratado de Nice, assinado em 26 de fevereiro de 2001, entrou em vigor em 1º de fevereiro de 2003. Introduziu novas alterações nos Tratados da UE e CE, modificando o modo de funcionamento das instituições e tornando a votação por maioria qualificada a regra (em vez da unanimidade) em muitas áreas de decisão da UE.

Novas alterações serão provavelmente introduzidas nos Tratados na sequência da Convenção sobre o Futuro da Europa e do Tratado de Adesão dos dez novos Estados-membros, cuja assinatura foi efetuada em 16 de abril de 2003, e que entrou em vigor em 1º de maio de 2004.

Registrados esses dados históricos sobre a evolução cronológica dos principais tratados internacionais responsáveis pelo processo de integração europeia, retornemos ao princípio de subsidiariedade, procurando alocar sua presença nos principais momentos dessa história de formação comunitária.

O princípio de subsidiariedade é incluído no direito comunitário já na década de setenta, por força do relatório da Comissão sobre a União Europeia datado de junho de 1975, definindo expressamente que: "de acordo com o princípio da subsidiariedade, a União deve ser responsável apenas naquelas matérias sobre as quais os Estados já não podem eficazmente decidir", acrescentando que "ao decidir sobre a competência da União, a aplicação do princípio da subsidiariedade estará limitada pelo fato de que a União deve dispor de uma competência suficiente para assegurar a sua coesão".[108] O princípio surge como regulador das competências da União e dos Estados-membros.

Um novo documento denominado relatório Tindemans surge em 1976, reforçando a influência do princípio já na década de 70, todavia sem menção expressa do princípio de subsidiariedade, mas considerando necessária a transferência para a Comunidade de certas atribuições que os Estados-membros de maneira isolada não estivessem aptos a realizar.

Esse documento rejeita a ideia de uma Constituição para a Europa, embora apresente argumentos favoráveis à proteção dos direitos fundamentais, e sugere certas reformas nas instituições, proporcionando maior legitimidade democrática. É presente, nesse relatório, o encaminhamento implícito do princípio de subsidiariedade como forma de compensar a tendência centralizadora que amedronta os Estados-membros.[109]

Os Estados-membros confiam às instituições comuns, nos termos do princípio de subsidiariedade, as competências necessárias para cumprir as tarefas que podem realizar de maneira mais satisfatória do que os Estados isoladamente.

Em 1977, o relatório McDougall retoma a subsidiariedade no âmbito do federalismo financeiro e fiscal, propondo níveis mais indicados para áreas de política econômica.

---

(108) SARAIVA, Rute Gil. *Sobre o princípio da subsidiariedade:* gênese, evolução, interpretação e aplicação, p. 45.

(109) *Ibidem*, p. 47.

Em 14 de fevereiro de 1984, no Projeto do Tratado da União Europeia, influenciado pelo relatório Tindemans, mais precisamente em seu preâmbulo e arts. 12º e 66º, encontra-se manifesta alusão ao princípio de subsidiariedade.

O preâmbulo do mencionado Tratado determina que:

> Os Estados-membros decidem confiar a órgãos comuns, de harmonia com o **princípio da subsidiariedade**, só os poderes necessários ao bom desempenho das tarefas que eles podem realizar de forma mais satisfatória do que os Estados considerados isoladamente. (grifo nosso)

O artigo 12º, estabelece em seu n. 2, que:

> Quando o presente Tratado atribui uma competência concorrente à União, os Estados-membros podem atuar em relação às matérias quanto às quais a União ainda não interveio. A União só intervém para prosseguir tarefas que podem ser realizadas em comum de maneira mais eficaz do que pelos Estados-membros atuando isoladamente, em especial aquelas cuja realização exige a atuação da União pelo fato de a sua dimensão ou os seus efeitos ultrapassarem as fronteiras nacionais (...).

O artigo 66º, alínea 2, determina que:

> (...) no domínio das relações internacionais, que a União Europeia podia atuar pelo método da cooperação sempre que os Estados-membros não pudessem individualmente agir tão eficazmente como a União.[110]

O princípio de subsidiariedade surge definitivamente como princípio de distribuição de competências entre as Instituições e os Estados-membros, proporcionando com isso um ambiente tranquilo para as autoridades dos Estados nacionais, como reflexo de uma reforma institucional democrática.

Em 14 de fevereiro de 1986, o Ato Único Europeu inaugura uma nova fase de inserção do princípio de subsidiariedade no direito comunitário; em seu artigo 25, menciona o princípio de subsidiariedade com aplicação em matéria ambiental.[111]

O seguinte artigo dispunha que:

> A Comunidade intervirá em matéria de ambiente na medida em que os objetivos referidos no n. 1 possam ser melhor realizados a nível comunitário do que a nível dos Estados-membros considerados isoladamente (...).[112]

Em 1987, o relatório Padoa-Schioppa se ocupa das questões de política econômica depois da adesão de Portugal e Espanha e do projeto de conclusão do Mercado Interno, e faz uso do princípio de subsidiariedade como norma institucional e como preceito político.[113]

---

(110) QUADROS, Fausto de. *O princípio da subsidiariedade no direito comunitário após o tratado da união europeia*, p. 28.

(111) BARACHO, José Alfredo de Oliveira. *O princípio de subsidiariedade: conceito e evolução*, p. 72.

(112) QUADROS, Fausto de. *O princípio da subsidiariedade no direito comunitário após o tratado da União Europeia*, p. 29.

(113) SARAIVA, Rute Gil. *Sobre o princípio da subsidiariedade: gênese, evolução, interpretação e aplicação*, p. 53.

A subsidiariedade é aqui empregue simultaneamente como norma institucional e como conceito político. Dois critérios aparecem apontados para ajudar a decidir sobre a necessidade da intervenção comunitária, a saber, os efeitos transfronteiriços de *spillover* (ou externalidades) ligados à ideia de identificação do nível mais indicado para tratar do assunto e um teste de eficácia, de relação custo benefício. As questões sociais e, em especial o problema do desemprego, dizem, em teoria, respeito aos governos nacionais, salvo se resultarem de uma política ligada ao Mercado Comum.[114]

Em 15 de outubro de 1988, a Carta Europeia da Autonomia Local[115], consagra formalmente em seu artigo 4º, n. 3, mesmo que de forma bastante superficial, o princípio de subsidiariedade, conforme segue:

> Regra geral, o exercício de responsabilidades públicas deve incumbir, de preferência, às autoridades mais próximas dos cidadãos. A atribuição de uma responsabilidade a uma outra autoridade deve ter em conta a amplitude e a natureza da tarefa e as exigências de eficácia e economia.

Ainda nos trabalhos preparatórios ao Tratado da União Europeia, o princípio de subsidiariedade é mencionado como essencial para a integração europeia, conduzindo não apenas a delimitação das atribuições próprias da Comunidade e dos Estados-membros, mas também definindo os critérios de atribuições concorrentes entre ambos.[116]

O Tratado de Maastricht[117], ratificado inicialmente em 1992, inclui uma cláusula geral do princípio de subsidiariedade, mais precisamente em seu artigo 3º B, § 2º, conforme segue:

> A Comunidade atuará nos limites das atribuições que lhe são conferidas e dos objetivos que lhe são cometidos pelo presente Tratado.
>
> Nos domínios que não sejam das suas atribuições exclusivas, a Comunidade intervém apenas, de acordo com o **princípio da subsidiariedade**, se e na medida em que os objetivos da ação encarada não possam ser suficientemente realizados pelos Estados-membros, e possam pois, devido à dimensão ou aos efeitos da ação prevista, ser melhor alcançados ao nível comunitário. (grifo nosso)

Além da inserção da cláusula geral do artigo 3º B, § 2º, temos como expressão do princípio de subsidiariedade parte do preâmbulo do Tratado de Maastricht:

> Resolvidos a continuar o processo de criação de uma união cada vez mais estreita entre os povos da Europa, em que as decisões sejam tomadas ao

---

(114) SARAIVA, Rute Gil. *Sobre o princípio da subsidiariedade*: gênese, evolução, interpretação e aplicação, p. 53.

(115) QUADROS, Fausto de. *O princípio da subsidiariedade no direito comunitário após o tratado da União Europeia*, p. 29.

(116) *Ibidem*, p. 31.

(117) HORTA, Raul Machado. *As vertentes do direito constitucional contemporâneo*. Ives Gandra da Silva Martins (Coord.). Rio de Janeiro: América Jurídica, 2002. p. 462.

nível mais próximo possível dos cidadãos, de acordo com o **princípio da subsidiariedade**. (grifo nosso)

Em 29 de outubro de 2004, foi assinado o tratado que estabelece uma Constituição para a Europa, e, já em seu preâmbulo, faz menção expressa ao princípio de subsidiariedade:

> [...] A presente Carta reafirma, no respeito pelas atribuições e competências da União e na observância do **princípio da subsidiariedade**, os direitos que decorrem, nomeadamente, das tradições constitucionais e das obrigações internacionais comuns aos Estados-Membros, da Convenção Europeia para a Proteção dos Direitos do Homem e das Liberdades Fundamentais, das Cartas Sociais aprovadas pela União e pelo Conselho da Europa, bem como da jurisprudência do Tribunal de Justiça da União Europeia e do Tribunal Europeu dos Direitos do Homem. [...] (grifo nosso)

Consagra também o princípio de subsidiariedade como princípio fundamental, estabelecendo o exercício das competências da União em relação aos Estados-membros.

Podemos observar claramente qual o sentido do presente princípio na Constituição Europeia pela leitura de parte do próprio texto constitucional, artigo I-11º:

ARTIGO I-11º – Princípios fundamentais

1. A delimitação das competências da União rege-se pelo princípio da atribuição. O exercício das competências da União rege-se pelos **princípios da subsidiariedade** e da proporcionalidade.

2. Em virtude do princípio da atribuição, a União atua dentro dos limites das competências que os Estados-Membros lhe tenham atribuído na Constituição para alcançar os objetivos por esta fixados. As competências que não sejam atribuídas à União na Constituição pertencem aos Estados-Membros.

3. Em virtude do **princípio da subsidiariedade**, nos domínios que não sejam da sua competência exclusiva, a União intervém apenas se e na medida em que os objetivos da ação considerada não possam ser suficientemente alcançados pelos Estados-Membros, tanto ao nível central como ao nível regional e local, podendo contudo, devido às dimensões ou aos efeitos da ação considerada, ser melhor alcançados ao nível da União. As instituições da União aplicam o **princípio da subsidiariedade** em conformidade com o Protocolo relativo à aplicação dos **princípios da subsidiariedade** e da proporcionalidade. Os Parlamentos nacionais velam pela observância deste princípio de acordo com o processo previsto no referido Protocolo.

4. Em virtude do princípio da proporcionalidade, o conteúdo e a forma da ação da União não deve exceder o necessário para alcançar os objetivos da Constituição. As instituições da União aplicam o princípio da proporcionalidade em conformidade com o Protocolo relativo à aplicação dos **princípios da subsidiariedade** e da proporcionalidade. (grifo nosso)

Para viabilizar sua aplicação de forma mais eficiente, criou-se um protocolo[118] exclusivo, relativo à aplicação do princípio da subsidiariedade e da proporcionalidade,

---

(118) O referido protocolo figura como anexo dessa dissertação.

composto por nove artigos, que visam assegurar que as decisões sejam tomadas de modo tão próximo quanto possível dos cidadãos da União, com vistas a fixar as condições de aplicação do princípio da subsidiariedade.

Não podemos deixar de mencionar que a Constituição Europeia, aprovada pelo Conselho Europeu em 2004, deverá passar por um processo de ratificação até 2006, quando cada membro deverá ratificá-la segundo constituições e processo político de cada Estado. Esse processo deverá, na maioria dos Estados-membros, contar com a presença de um referendo popular como mecanismo legitimador.

Conforme preceitua Baracho, "o princípio, em sua definição, revela a fidelidade à ideia secular da União Europeia e à ideia de subsidiariedade, no desenvolvimento das ideias políticas".[119]

O princípio de subsidiariedade no direito comunitário europeu dá testemunho de uma concepção humanista, e não meramente de uma concepção economicista e mecanicista do processo de integração.

Em nossa opinião, o princípio de subsidiariedade tem um *status* que o eleva à categoria de princípio jurídico, conforme vimos na Constituição Europeia. Para fixar tal entendimento, julgamos necessário abordar a questão dos princípios, com a finalidade de tentar encontrar para esse *status* uma fundamentação mais sólida.

---

(119) BARACHO, José Alfredo de Oliveira. *O princípio de subsidiariedade:* conceito e evolução, p. 73.

Capítulo 3

Hermenêutica de Princípios

Pretendemos tecer algumas considerações sobre a noção de princípio, sobre o entendimento acerca de qual metodologia jurídica adotamos para estabelecer tal tratamento e sobre o sentido que será atribuído a esse termo na presente dissertação, uma vez que há uma diversidade de significados contidos no termo "princípio".

Para a compreensão do princípio de subsidiariedade, convém antes enfrentar a questão da teoria dos princípios, bem como seu relacionamento com a efetivação concreta dos direitos fundamentais. Faremos tal abordagem, apoiando-nos principalmente na análise e influência de autores como Robert Alexy, Ronald Dworkin e J. J. Gomes Canotilho.

Havia uma metodologia jurídica tradicional que distinguia entre *normas e princípios*, restringindo a utilização dos princípios como fundamento para interpretação teleológica de regras que compõem o direito positivo, ou para o preenchimento de possíveis lacunas existentes em tal ordenamento.

Essa noção de princípio elimina sua objetividade e atribui-lhe uma excessiva generalidade, impedindo sua adoção como mandamento para a prática de qualquer ato e restringindo sua utilização como possível fundamento para o estabelecimento de regras de conduta pelo direito.

Adotaremos aqui, como metodologia, a distinção do sistema de *regras e princípios*, entendendo-os como espécies de normas, distinção esta capaz de elevar os princípios a um maior nível de efetividade.

Assim, a distinção entre regras e princípios se faz entre duas espécies do mesmo gênero. Alexy considera claramente que "a distinção entre regras e princípios é pois uma distinção entre dois tipos de normas".[120]

Nesse mesmo sentido, Canotilho menciona que no sistema normativo de regras e princípios "as normas do sistema tanto podem revelar-se sob a forma de princípios como sob a sua forma de regras".[121]

Em relação ao conceito de princípio, existe uma multiplicidade de sentidos a esse termo atribuídos, que em razão de sua amplitude, pode estar ainda ligado a direitos

---

(120) ALEXY, Robert. *Teoria de los derechos fundamentales*, p. 83.
(121) CANOTILHO, J. J. Gomes. *Direito constitucional e teoria da Constituição*, p. 1.143.

individuais como a bens coletivos⁽¹²²⁾. Para melhor compreensão, partiremos da análise conceitual de norma, regra e princípio e sua posterior distinção.

3.1. Conceito e análise etimológica: norma, regra e princípio

O conceito de norma encontra sua origem etimológica no latim *norma*, que por sua vez é oriundo do grego *gnorimos* (esquadria, esquadro). Em sentido literal, é tomado na linguagem jurídica como *regra, modelo, paradigma, forma* ou tudo que se estabeleça em lei ou regulamento para servir de pauta ou padrão na maneira de agir. Assim, a norma jurídica, instituída em lei, vem ditar a orientação a ser tomada em todos os atos jurídicos.[123]

O termo "norma" também é muitas vezes associado a outros termos, como "regra", "mandato" ou "prescrição".[124]

Para Alexy, o conceito de norma é um dos conceitos básicos da ciência jurídica, embora reconheça que tal conceito é largamente utilizado por outras ciências, tais como: sociologia, etnologia, filosofia moral e linguística. Essa variedade em que se emprega tal conceito, segundo Alexy, produz sempre uma polêmica interminável.[125]

Para conciliar com as mais diferentes teses e diversos ramos de aplicação para o conceito de norma, Alexy propõe uma concepção semântica de norma.

A partir desse conceito, uma norma não pode ser confundida com um enunciado normativo ou proposição normativa, pois ela é propriamente o seu significado, o seu conteúdo, a sua essência, o ideal de "dever ser" que o enunciado pretende atingir, razão pela qual uma norma pode ser expressa por meio de diferentes enunciados normativos, diretos ou indiretos.[126]

Alexy afirma ainda que "(...) o conceito semântico de norma, quando se trata de problemas da dogmática jurídica e da aplicação do direito, é mais adequado que qualquer outro conceito de norma" existente.[127]

Na concepção de Kelsen, num sentido objetivo, norma pode ser conceituada como o objeto de um enunciado que ordena, proíbe, permite ou autoriza uma conduta direta ou indiretamente, caso em que, para uma conduta, será estabelecido um resultado jurídico.[128]

Para Kelsen, "a norma é a expressão da ideia de que algo deve acontecer, em especial de que um indivíduo deve comportar-se de determinada maneira".[129]

---

(122) ALEXY, Robert. *Teoria de los derechos fundamentales*, p. 109.
(123) SILVA, De Plácido e. *Vocabulário jurídico*, p. 1.067.
(124) ALEXY, Robert. *Teoria de los derechos fundamentales*, p. 48.49.
(125) *Idem*.
(126) *Ibidem*, p. 50-51.
(127) *Ibidem*, p. 57.
(128) KELSEN, Hans. *Teoria pura do direito*, p. 5-6.
(129) KELSEN, Hans. *Teoria geral do direito e do Estado*, p. 36.

Norma é, portanto, o sentido de um ato por meio do qual uma conduta é prescrita, permitida ou, especialmente, facultada, no sentido de adjudicada à competência de alguém. Uma norma pode não só comandar mas também permitir e, especialmente, conferir a competência ou o poder de agir de certa maneira. Com o termo norma se quer significar que uma ação deve ser ou acontecer, especialmente que um homem se deve conduzir de determinada maneira.[130]

As normas são ainda consideradas como preceitos que tutelam situações subjetivas de vantagem ou de vínculo, ou seja, reconhecem, por um lado, a pessoas ou a entidades a faculdade de realizar certos interesses por ato próprio ou exigindo ação ou abstenção de outrem, e, por outro lado, vinculam pessoas ou entidades à obrigação de submeter-se às exigências de realizar uma prestação, ação ou abstenção em favor de outrem.[131]

No que diz respeito à regra, é originária do latim *regula*, entende-se por qualquer proposição de natureza prescritiva. Esse termo é generalíssimo e compreende as noções mais limitadas de norma, máxima e lei.[132] Por essa razão, pretendemos adensar o conceito de regra, a partir de uma análise comparativa com o conceito de princípio.

A palavra princípio, por sua vez, busca seu significado etimológico no latim *principium* (origem, começo), que em sentido vulgar quer exprimir o começo de vida, ou o primeiro instante em que as pessoas ou as coisas começam a existir. Em sentido jurídico, quer significar as normas elementares ou os requisitos primordiais instituídos como base, como alicerce de um sistema ou conjunto de regras.[133]

Para Dworkin, princípio é "um padrão que deve ser observado, não porque vá promover ou assegurar uma situação econômica, política ou social considerada desejável, mas porque é uma exigência de justiça ou equidade ou alguma outra dimensão da moralidade".[134]

Princípios formam um conjunto de preceitos, servindo de base a toda espécie de ação jurídica, traçando, assim, a conduta a ser exigida em qualquer operação. Além disso, o termo princípio possui a conotação de base, como o alicerce a sustentar uma construção.[135]

Princípios são ainda os pontos básicos, que servem de partida ou de elementos vitais do próprio Direito. Nessa acepção, não se compreendem somente os fundamentos jurídicos, legalmente constituídos, mas todo axioma jurídico derivado da cultura jurídica universal. Assim, nem sempre os princípios estão inscritos nas leis. Mas, porque servem de base ao Direito, são tidos como preceitos fundamentais para a prática do Direito e também de proteção aos direitos.[136]

---

(130) KELSEN, Hans. *Teoria pura do direito*, p. 5-6.

(131) SILVA, José Afonso da. *Curso de direito constitucional positivo*, p. 95.

(132) ABBAGNANO, Nicola. *Dicionário de filosofia*, p. 840.

(133) SILVA, De Plácido e. *Vocabulário jurídico*, p. 1.220.

(134) DWORKIN, Ronald. *Levando os direitos a sério*, p. 36.

(135) CRETELLA JÚNIOR, José. *Filosofia do direito administrativo*, p. 44.

(136) SILVA, De Plácido. *Vocabulário jurídico*, p. 1.220.

Em acepção filosófica, entendemos princípio como ponto de partida e fundamento de um processo qualquer. Os dois significados, "ponto de partida" e "fundamento" ou "causa", estão estreitamente ligados nessa acepção, que foi introduzida na filosofia pré-socrática de Anaximandro.

Todavia, Aristóteles foi o primeiro a enumerar completamente seus significados, elencando-os numericamente da seguinte forma: 1º ponto de partida de um movimento, p. ex., de uma linha ou de um caminho; 2º o melhor ponto de partida, como, p. ex., o que facilita aprender uma coisa; 3º ponto de partida efetivo de uma produção, como, p. ex., a quilha de um navio ou os alicerces de uma casa; 4º causa externa de um processo ou de um movimento, como, p. ex., um insulto que provoca uma briga; 5º o que, com a sua decisão, determina movimentos ou mudanças, como, p. ex., o governo ou as magistraturas de uma cidade.

A extensão do termo princípio inclui também a noção de mandamento nuclear de um sistema, capaz exatamente de irradiar para todo o sistema normativo seus efeitos, sendo assim mandamento de orientação para a prática de qualquer ato.

Nesse sentido, temos a definição de princípio jurídico como:

> Mandamento nuclear de um sistema, verdadeiro alicerce dele, disposição fundamental que se irradia sobre diferentes normas compondo-lhes o espírito e servindo de critério para sua exata compreensão e inteligência, exatamente por definir a lógica e a racionalidade do sistema normativo, no que lhe confere a tônica e lhe dá sentido harmônico.[137]

Os princípios são uma espécie de fronteira do Direito; eles orientam e guiam os que realizam as tarefas da interpretação, pois permitem a compreensão das normas jurídicas.[138]

Segundo Canotilho, os princípios são "o fundamento de regras jurídicas e têm uma *idoneidade irradiante* que lhes permite "ligar" ou cimentar objetivamente todo o sistema constitucional".[139]

Considerados como ordenações que se irradiam e imantam os sistemas de normas, são núcleos de condensações nos quais confluem valores e bens constitucionais.[140]

3.2. Critérios para distinção entre princípios e regras

Segundo Alexy, "a distinção entre regras e princípios não é nova. Apesar de sua antiguidade e de sua frequente utilização, impera a respeito confusão e polêmica".[141]

---

(137) MELLO, Celso Antonio Bandeira de. *Curso de direito administrativo*, p. 450-451.
(138) BARACHO, José Alfredo de Oliveira. *O princípio de subsidiariedade: conceito e evolução*, p. 28.
(139) CANOTILHO, J. J. Gomes. *Direito constitucional e teoria da Constituição*, p. 1.147.
(140) *Ibidem*, p. 49.
(141) ALEXY, Robert. *Teoria de los derechos fundamentales*, p. 82.83.

Diante dessa necessidade, ou seja, de distinguir regras e princípios, há critérios comumente adotados, que auxiliam nessa compreensão, dentre os quais os mencionados por Canotilho[142]:

a) *Grau de abstracção*: os *princípios* são normas com um grau de abstracção relativamente elevado; de modo diverso, as *regras* possuem uma abstracção relativamente reduzida.

b) *Grau de determinabilidade* na aplicação do caso concreto: os *princípios*, por serem vagos e indeterminados, carecem de mediações concretizadoras (do legislador, do juiz), enquanto as *regras* são susceptíveis de aplicação direta.

c) *Caráter de fundamentalidade* no sistema das fontes de direito: os *princípios* são normas de natureza estruturante ou com um papel fundamental no ordenamento jurídico por causa de sua posição hierárquica no sistema das fontes (ex.: princípios constitucionais) ou à sua importância estruturante dentro do sistema jurídico (ex.: princípio do Estado de Direito).

d) *"Proximidade" da ideia de direito*: os *princípios* são "standards" juridicamente vinculantes radicados nas exigências de "justiça" (Dworkin) ou na "ideia de direito" (Larenz); as *regras* podem ser normas vinculativas com um conteúdo meramente funcional.

e) *Natureza normogenética*: os *princípios* são fundamento de regras, isto é, são normas que estão na base ou constituem a *ratio* de regras jurídicas, desempenhando, por isso, uma função normogenética fundamentante. (grifo do autor)

Além dos critérios de distinção mencionados, há ainda diferenças qualitativas entre princípios e regras, explicitados por Canotilho:

> Os princípios são normas jurídicas impositivas de uma *optimização*, compatíveis com vários graus de concretização, consoante os condicionalismos fácticos e jurídicos; as *regras* são normas que prescrevem imperativamente uma exigência (impõem, permitem ou proíbem), que é ou não é cumprida; a convivência dos princípios é conflitual, a convivência de regras é antinômica; os princípios coexistem, as regras antinômicas excluem-se. Consequentemente, os princípios, ao constituírem *exigência de optimização*, permitem o balanceamento de valores e interesses (não obedecem, como as regras, à "lógica do tudo ou nada"), consoante o seu *peso* e a ponderação de outros princípios eventualmente conflituantes; as regras não deixam espaço para qualquer outra solução, pois se uma regra *vale* (tem validade) deve cumprir-se na exacta medida das suas prescrições, nem mais nem menos. (...) em caso de *conflito entre princípios*, estes podem ser objecto de ponderação e de harmonização, pois eles contêm apenas "exigências" ou *"standards"* que, em "primeira linha" (*prima facie*), devem ser realizados; as regras contêm

---

(142) CANOTILHO, J. J. Gomes. *Direito constitucional e teoria da Constituição*, p. 1.144.

"*fixações normativas*" *definitivas*, sendo insustentável a *validade* simultânea de regras contraditórias. Realça-se também que os princípios suscitam problemas de *validade e peso* (importância, ponderação, valia); as regras colocam apenas questões de *validade* (se elas não são corretas devem ser alteradas).[143]

Para Dworkin, a distinção entre princípios e regras é de natureza lógica, uma vez que: "as regras são aplicáveis à maneira do tudo-ou-nada. Dados os fatos que uma regra estipula, então ou a regra é válida, e neste caso a resposta que ela fornece deve ser aceita, ou não é válida, e neste caso em nada contribui para a decisão".[144]

Essa diferença lógica entre regras e princípios traz consigo uma outra, qual seja: os princípios possuem uma dimensão que as regras não têm — a dimensão do peso ou importância.

Sobre o peso que os princípios exercem, Dworkin destaca que quando os princípios se intercruzam, aquele que vai resolver o conflito tem de levar em conta a força relativa de cada um. Esta não pode ser, por certo, uma mensuração exata e o julgamento que determina que um princípio ou uma política particular é mais importante que outra frequentemente será objeto de controvérsia. Não obstante, essa dimensão é uma parte integrante do conceito de um princípio, de modo que faz sentido perguntar que peso ele tem ou quão importante ele é,[145] o que não ocorre com as regras.

Uma outra análise apresentada por Dworkin se dá pela composição do próprio ordenamento jurídico, uma vez que o mesmo se integra de três elementos: princípios, medidas políticas e regras.

As políticas estabelecem fins econômicos, políticos ou sociais a serem alcançados, enquanto os princípios são *standards* ou prescrições genéricas que entranham exigências éticas ou postulado de justiça.[146] Ambos, porém, não impõem ou tipificam comportamento concreto, apenas estabelecem *standards* de conduta que orientam a atividade política, no primeiro caso, ou que se dirige à satisfação de imperativos éticos e de justiça, no segundo caso.

As regras, nesse contexto, diferenciam-se das políticas e dos princípios por serem disposições específicas, que tipificam condutas concretas a que se atribuem consequências jurídicas precisas.[147]

Robert Alexy afirma que o ponto decisivo para a distinção entre regras e princípios reside no fato de que os princípios "são normas que ordenam que algo seja realizado na maior medida possível, dentro das possibilidades jurídicas e reais existentes... são *mandados de otimização*...", que podem ser cumpridos em diferentes graus, de acordo

---

(143) CANOTILHO, J. J. Gomes. *Direito constitucional e teoria da Constituição*, p. 1.145-1.146.
(144) DWORKIN, Ronald. *Levando os direitos a sério*, p. 39.
(145) *Ibidem*, p. 42-43.
(146) *Ibidem*, p. 35-46.
(147) *Idem*.

com o caso concreto, enquanto as regras "são normas que podem ser cumpridas ou não", numa relação de tudo ou nada.[148]

Os princípios, como mandados de otimização, admitem um cumprimento gradual de acordo com o caso concreto. É uma norma que pode ser cumprida de diferentes formas, adaptando-se de acordo com o caso concreto. É uma razão que se inclina numa ou noutra direção, sugerindo uma ou outra solução.[149]

Nesse sentido, sobre a relevância dos princípios, vale destacar o pensamento de Celso Antonio Bandeira de Mello: "é, por definição, mandamento nuclear de um sistema, verdadeiro alicerce dele, disposição fundamental que se irradia sobre diferentes normas compondo-lhes o espírito e servindo de critério para sua exata compreensão e inteligência, exatamente por definir a lógica e a racionalidade do sistema normativo, no que lhe confere a tônica e lhe dá sentido harmônico. É o conhecimento dos princípios que preside a intelecção das diferentes partes componentes do todo unitário que há por nome sistema jurídico positivo. Violar um princípio é muito mais grave que transgredir uma norma qualquer. A desatenção ao princípio implica ofensa não apenas a um específico mandamento obrigatório mas a todo o sistema de comandos. É a mais grave forma de ilegalidade ou inconstitucionalidade, conforme o escalão do princípio atingido, porque representa insurgência contra todo o sistema, subversão de seus valores fundamentais, contumélia irremissível a seu arcabouço lógico e corrosão de estrutura mestra".[150]

Frisa-se ainda o entendimento de Alexy, para quem os princípios são "mandados de otimização", conforme já mencionado, conferindo-lhes grau ou peso que definir-se-ão de acordo com as circunstâncias do caso concreto, prevalecendo cada um conforme as possibilidades de cada caso, servindo ainda de fundamento para a elaboração de uma regra para o caso concreto.

Portanto, admite-se a ideia de possuir o princípio um grau mais elevado de generalidade em relação às regras, representando por sua vez um indicativo de direção, um norte a seguir e a aplicar em cada caso, admitindo portanto sua aplicação em diferentes graduações.

Assim, concebemos os princípios como normas, mandados de otimização, que comportam uma aplicação gradual diante de casos específicos.

Possui força normativa e consiste num enunciado deôntico, voltado para o "dever ser", mas, em razão de possuir um grau mais elevado de generalidade, representa um indicativo de direção, um norte a ser seguido e aplicado nos casos concretos. Em resumo, é uma norma de argumentação que admite aplicação em diferentes graduações, de acordo com o peso que possuir na ocasião, e exigindo para sua aplicação um processo de concretização sucessiva, passando por subprincípios até alcançar o grau de densidade próprio das regras.[151]

---

(148) ALEXY, Robert. *Teoria de los derechos fundamentales*, p. 86.
(149) DWORKIN, Ronald. *Levando os direitos a sério*, p. 42.
(150) MELLO, Celso Antonio Bandeira de. *Curso de direito administrativo*, p. 69.
(151) SARMENTO, Daniel. *A ponderação de interesses na Constituição Federal*, p. 42.

Na hipótese de colisão, é inerente à própria natureza dos princípios que seja resolvida na dimensão de peso em que um dos dois tem que ceder frente ao outro, limitando a possibilidade jurídica do outro. Isso não implica necessariamente que o princípio desprezado seja inválido, pois a colisão de princípios se dá apenas entre princípios válidos.[152]

Assim, após distinção entre princípios e regras, passamos a analisar, a partir da teoria dos princípios, como a noção de subsidiariedade pode ser elevada ao *status* de princípio constitucional.

3.3. A subsidiariedade é princípio?

A elevação da noção de subsidiariedade à categoria de princípio jurídico se dá, dentre outros fatores apontados, pelo fato de possuir uma função informativa, ou seja, participa da função reguladora do Direito, comunicando aos seus destinatários, quais sejam, o legislador, o julgador e o administrador, um programa possível, ao dar forma a uma regra ou a um sistema[153], que atenda à essência da subsidiariedade.

Sobre a constitucionalização desse princípio, destacamos que muitas vezes "o bloco de constitucionalidade está constituído por um conjunto de normas que não pertencem formalmente à Constituição".[154] Em muitos ordenamentos jurídicos, o princípio de subsidiariedade se insere com esse formato.[155]

Anteriormente, demonstramos a presença expressa de tal princípio em constituições modernas, tendo como exemplo a constante presença no processo de criação da União Europeia, marcadamente nos tratados internacionais, instrumentos jurídicos de extrema relevância para o mundo contemporâneo.

Para reforçar a roupagem principiológica de que se reveste a subsidiariedade, consideramos que é exatamente nesse âmbito que entendemos o princípio de subsidiariedade, convivendo harmonicamente e sobretudo contribuindo para a plena realização de demais princípios, tais como a dignidade da pessoa humana, o bem comum, a solidariedade dentre outros.

Trata-se de um princípio jurídico fundamental, fundado nos ideais de justiça, com características de flexibilidade, não estabelecendo nem criando fronteiras entre as órbitas de competência do Estado e dos grupos que o integram, implicando, ao contrário, no exame de questões de fato, de modo a verificar-se, empiricamente, em cada caso determinado, a eventual insuficiência do grupo social para cumprir a missão que lhe é própria[156], prevalecendo sempre o interesse da pessoa humana.

---

(152) SANTOS, Fernando Ferreira dos. *O princípio constitucional da dignidade da pessoa humana*, 1999.
(153) BARACHO, José Alfredo de Oliveira. *O princípio de subsidiariedade*: conceito e evolução, p. 29.
(154) *Ibidem*, p. 80.
(155) Alguns autores como Chantal Millon-Delson, tratando da constitucionalização do princípio de subsidiariedade, acentuam que o princípio pode não somente proteger a sociedade contra as intervenções do Estado, mas também o próprio Estado, contra a prevalência abusiva dos indivíduos. *Ibidem*, p. 84-85.
(156) SANCHES AGESTA, Luis. *El principio de función subsidiaria*, p. 20-21.

Segundo J. J. Gomes Canotilho "consideram-se princípios jurídicos fundamentais os princípios historicamente objetivados e progressivamente introduzidos na consciência jurídica e que encontram uma recepção expressa ou implícita no texto constitucional".[157]

Para Canotilho, os princípios jurídicos fundamentais "pertencem à ordem jurídica positiva e constituem um importante fundamento para a interpretação, integração, conhecimento e aplicação do direito positivo." O autor chama a atenção ainda para a dupla função exercida pelos princípios, quais sejam: negativa e positiva. No primeiro caso funciona como instrumento de proibição de "excesso de poder", no segundo caso funciona "informando materialmente os atos dos poderes públicos".[158]

Também, o princípio de subsidiariedade é reconhecidamente definido como princípio de ética política, como orientação da organização social, dada a necessidade de atingir o que se denomina ética geral, indicando os caminhos pelos quais a sociedade deve ser governada para que governo e sociedade sejam norteados pelos critérios da moralidade.

Aplicando o princípio da subsidiariedade na esfera econômica, este recebe um caráter de princípio diretivo da ordem econômica, estabelecendo uma relação entre o poder público e a iniciativa privada, instituindo assim a realização de uma política econômica que vise à realização do progresso social.

Todavia, embora tenha a subsidiariedade uma forte influência da Doutrina Social da Igreja, não fica a subsidiariedade meramente num campo teológico, mas obtém seu significado maior no âmbito do direito público.

A partir de sua incorporação na Lei Fundamental alemã no pós-guerra, o princípio começa a obter um significado propriamente jurídico. Essa prática vem desembocar no uso contemporâneo do princípio no Direito Comunitário europeu.

A partir daí, consideramos o princípio de subsidiariedade como um princípio jurídico[159], pelo qual o homem e as unidades sociais têm a responsabilidade moral primária na realização de seus encargos vitais, cabendo ao complexo social, nele compreendido também o Estado, uma responsabilidade secundária, que consiste tanto em capacitar os indivíduos para a realização pessoal e responsável de suas tarefas como a assunção das mesmas quando eles não possam realizá-las por si próprios.[160]

De uma forma mais adequada juridicamente, vem indicar uma distribuição de competências e de poderes, norteando evidentemente as suas perspectivas negativas e

---

(157) CANOTILHO, J. J. Gomes. *Direito constitucional e teoria da constituição*, p. 1.149.

(158) *Idem*.

(159) J. J. Gomes Canotilho, no início da década de 80, excluía a subsidiariedade como princípio constitucional. Todavia, atualmente o autor demonstra traços de receptividade ao princípio de subsidiariedade. (*Direito constitucional e teoria da Constituição*. Coimbra: Almedina, 1999. v. II, p. 181)

(160) MESSNER, Johannes. *La cuestión Social*, p. 362.

positivas para o âmbito de atuação estatal, evitando a ausência em demasia do Estado e, em contrapartida, os excessos de ingerências na realização de suas funções.

Assim, uma vez adotado em textos constitucionais, é possível que seu conteúdo se desvincule de suas origens ideológicas e doutrinárias e venha a ser interpretado segundo princípios gerais do direito, com evidente neutralidade.

Consideramos que o princípio de subsidiariedade, no campo jurídico, funciona essencialmente como princípio de divisão de competências, de reconhecimento e preservação de espaços de autonomias, atribuindo a cada grupo social uma responsabilidade, e priorizando os grupos menores, cabendo ao Estado sempre atuar como estímulo para o desenvolvimento das aptidões inferiores.

Sua aplicação visa a acompanhar e nortear o processo de redimensionamento do Estado, priorizando a sociedade civil, sobretudo a valorização da pessoa humana, permitindo com isso uma maior capacidade de iniciativa e confiança recíproca entre seus membros.[161]

É o princípio de subsidiariedade, atualmente, a expressão jurídica formalizada da própria noção de subsidiariedade.

3.4. Relação com os demais princípios

Para Alexy, os princípios, considerados como mandados de otimização, dependem, para seu cumprimento, não só de possibilidades fáticas como também jurídicas, ou seja, dependem de outros princípios com eles concorrentes, relação esta que é constitutiva para esse tipo de norma. Se eles dependessem apenas das possibilidades fáticas, seriam mandados de maximização e não de otimização.[162]

Portanto, entendemos por bem relacionar o princípio de subsidiariedade com outros princípios que estão ligados intrinsecamente com sua vigência, sobretudo àqueles que têm na realização humana seu referencial de sustentação, sejam eles de Direito Comunitário ou não.

A relação do princípio da subsidiariedade com o princípio da dignidade da pessoa humana é patente e por isso começaremos por ele.

Percebemos uma conexão direta entre a essência dos dois princípios, sobretudo no que diz respeito ao seu fim maior, qual seja a realização da pessoa em sua plenitude.

A dignidade da pessoa humana é hoje princípio de extrema relevância e encontra-se apto a figurar em toda ordem jurídica internacional. Mencionado expressamente pela primeira vez na Constituição alemã em 1949, passou a figurar como princípio fundamental em quase todas as Constituições do mundo.

---

(161) TORRES, Silvia Faber. *O princípio da subsidiariedade no direito público contemporâneo*, p. 37.
(162) SANTOS, Fernando Ferreira dos. *O princípio constitucional da dignidade da pessoa humana*, p. 74.

Em aspecto jurídico, a dignidade da pessoa humana é princípio de ordem jusnatural e supraestatal, visto como um valor superior, servindo assim de base hermenêutica constitucional.

Para Santiago Nino, o princípio caracteriza-se por uma "diretiva de moralidade social" em que "os homens devem ser tratados segundo suas decisões, intenções ou manifestações de consentimento"[163], atribuindo um sentido ético ao princípio mencionado.

Canotilho, para a definição do princípio da dignidade da pessoa humana, utiliza-se de outro princípio, qual seja "o princípio antrópico que acolhe a ideia pré-moderna e moderna da *dignitas-homimins,* ou seja, do indivíduo conformador de si próprio e da sua vida segundo o seu próprio projeto espiritual"[164]. Afirma ainda Canotilho, que a dignidade da pessoa humana

> Como base da República, significa, sem transcendências ou metafísicas, o reconhecimento do *homo noumenon,* ou seja, do indivíduo como limite e fundamento do domínio político da República. Sendo dessa forma, a República deve ser considerada uma organização política a serviço do homem, e não o homem que deve servir aos aparelhos políticos organizatórios.[165]

Portanto, estamos convencidos de que o princípio de subsidiariedade, como instrumento capaz de garantir o respeito das autonomias na relação entre a pessoa e o Estado, concorre para a realização da dignidade da pessoa humana, daí a total relação entre ambos. No dizer de Torres, encontramos argumentos para exposição desse raciocínio:

> (...) percebe-se que a dignidade humana tangencia os contornos conceituais do princípio da subsidiariedade, enunciando, ambos, que o ser humano, em seu fundamento, causa e fim de todas as instituições sociais, tem o direito de desenvolver-se segundo a sua própria natureza e a responsabilidade moral primária na realização de seus encargos vitais. Retirar o direito de o homem ser o conformador de si próprio é esvaziar a própria natureza humana.[166]

O princípio da dignidade da pessoa humana está intimamente relacionado com o princípio de subsidiariedade, uma vez que a dignidade da pessoa humana, como vimos, consiste "num valor supremo que atrai o conteúdo de todos os direitos fundamentais do homem, desde o direito à vida".[167]

O princípio de subsidiariedade guarda também uma estreita relação com os ideais de liberdade e justiça.

---

(163) SANTIAGO NINO, Carlos. *Ética y derechos humanos,* p. 287.
(164) CANOTILHO, J. J. Gomes. *Direito constitucional e teoria da Constituição,* p. 219.
(165) TORRES, Silvia Faber. *O princípio da subsidiariedade no direito público contemporâneo,* p. 82.
(166) *Ibidem,* p. 83.
(167) SILVA, José Afonso da. *A dignidade da pessoa humana como valor supremo da democracia,* p. 92.

Sendo a subsidiariedade considerada como herança de uma filosofia da pessoa[168] e, como tal, encontrando seu fundamento direto na personalidade humana, obtém como referência o valor ético e o direito de autodeterminação do indivíduo, cuja primazia, baseada no reconhecimento de sua dignidade, se sobrepõe ao poder estatal, vinculando-o e impedindo-o de invadir esfera pertencente a sua soberania.

O Estado, nesse sentido, se justifica como ente subsidiário, na medida em que o homem goza de poderes inerentes ao desenvolvimento de sua personalidade e liberdade, delegando às autoridades os poderes que excedem sua capacidade.[169]

Portanto, neste contexto, a responsabilidade pessoal e a autonomia individual correspondem à capacidade que o homem tem de realizar a si mesmo no que lhe for possível, sendo condição de sua própria existência.

O Estado passa a ter a missão precípua de encorajar e contribuir para o desenvolvimento de suas potencialidades humanas, assegurando sobretudo o respeito à liberdade e autonomia.

Dos princípios de liberdade e justiça podem ser derivadas as premissas básicas para a efetivação daqueles valores jurídicos que, constituindo-se em ideais inteiramente abstratos, a que cumpre fundamentar, orientar e limitar criticamente pela interpretação e aplicação das demais normas do ordenamento jurídico[170], necessitam de princípios basilares para se tornarem concretos.

É na liberdade que se desenvolve a capacidade de ação humana, num ambiente que proporcione o pleno desenvolvimento da personalidade e do exercício da criatividade. O princípio de subsidiariedade concorre para a criação e manutenção desse ambiente, conforme argumentamos anteriormente. A liberdade é o pressuposto para o reconhecimento de espaços de autonomia.

Passamos a analisar a relação entre o princípio de subsidiariedade e o princípio do bem comum.

O princípio do bem comum[171] também encontra forte ligação com o princípio da subsidiariedade, visto que as exigências de ambos são da mesma natureza, estabelecendo

---

(168) MILLON-DELSOL, Chantal. *L'état subsidiaire. Igérence et non-ingérence de l'état:* le principe de subsidiarité aux fondements de l'histoire européene. Paris: Presses Universitaires de France, Léviathan — PUF, Coleção Dirigida por Stéphane Rials. Uma Coleção para pensar o Direito e o Estado (Une Collection pour pense le droit et l'état), 1992, p. 13.

(169) TORRES, Silvia Faber. *O princípio da subsidiariedade no direito público contemporâneo,* p. 66.

(170) E. PÉREZ LUÑO, Antonio. *Derechos humanos, estado de derecho y Constitución,* p. 291. Há uma diferenciação feita pelo autor entre princípio e valores, pelo grau de concreção existente entre eles. Os valores constituem ideias diretivas gerais, que não contêm especificações concernentes aos pressupostos em que devem ser aplicados, formando, portanto, o "contexto histórico-espiritual" da interpretação constitucional; os princípios já entranham um maior grau de concreção e especificação com respeito às situações a que podem ser aplicados e às consequências jurídicas de sua aplicação, mas sem serem, ainda, normas analíticas.

(171) A Encíclica *Mater et Magistra,* em seu parágrafo 65 define "bem comum" como sendo "um conjunto de condições sociais que permitam aos cidadãos o desenvolvimento ativo e pleno de sua própria perfeição".

para o Estado a finalidade de atingir a sua realização concreta. O princípio de subsidiariedade constitui uma das condições capazes de levar ao cumprimento do bem comum.

É certo que a subsidiariedade impõe ao poder público certa restrição: não interferir demasiadamente naquilo que as pessoas e associações intermediárias sejam capazes de realizar com sua própria conduta; mas isso não significa que o princípio de subsidiariedade desobrigue o Estado de primar pela realização do princípio do bem comum.

Não se nega a possibilidade de o poder estatal impor restrições às liberdades ou intervir na ordem econômica e social, visando, em benefício de toda a sociedade, manter um mínimo de condições externas que possibilitem o desenvolvimento material e moral de cada cidadão[172]. Essa ingerência estatal, a realizar-se sob forma de ajuda, converte-se, afinal, em um bem para todos os integrantes da sociedade, ou seja, pertence também ao bem comum. Para o princípio do bem comum, aplica-se a função positiva do princípio de subsidiariedade.

O princípio de subsidiariedade, como princípio de ordenação social, relaciona-se também com o princípio do pluralismo social.

A sociedade e as organizações políticas se fundamentam na existência de diversas esferas, desde o indivíduo, passando pelas formações sociais intermédias, até chegar ao Estado. Essa articulação em grupos faz com que o homem ocupe um papel de todo, e ao mesmo tempo de parte, dentro da composição das esferas sociais. As sociedades podem ser consideradas naturais ou não, partindo da família, sociedade política, até chegarmos a sociedades supraestatais. Assim, sem o pluralismo, a subsidiariedade não se sustenta, já que seu campo de atuação é justamente a diversidade social.

Consideramos, também, o princípio de subsidiariedade em relação com o princípio de solidariedade, princípio este que prescreve uma cooperação recíproca entre os grupos intermediários e o Estado. Essa mútua cooperação consiste também em estabelecer uma mútua responsabilidade, que exige um importante papel na atuação humana.

Há, portanto, princípios que mantêm uma ligação direta e orgânica com o princípio da subsidiariedade no interior do ordenamento jurídico. Todos calcados, por fim, na dignidade da pessoa humana, acabam por convergir para uma mesma direção.

3.5. O princípio de subsidiariedade e o princípio da proporcionalidade

No Direito Comunitário contemporâneo o princípio de subsidiariedade mantém estreita ligação com o princípio da proporcionalidade.

Reservamos este momento para analisarmos o princípio de subsidiariedade e o princípio da proporcionalidade isoladamente e ao mesmo tempo estabelecermos um paralelo entre ambos, por considerarmos que no âmbito do Direito Comunitário é matéria de extrema importância, sobretudo para o esclarecimento acerca da própria importância do princípio da proporcionalidade para boa vigência do princípio da subsidiariedade.

---

(172) SANCHES AGESTA, Luiz. *Princípios de teoria política*, p. 89.

O princípio da proporcionalidade é inserido no Direito Comunitário no parágrafo terceiro do artigo 3 B do Tratado de Maastricht (1992). O mesmo dispõe que "A ação da Comunidade não deve exceder o necessário para atingir os objetivos do presente tratado".

Posteriormente, em 29 de outubro de 2004, foi assinado o tratado que estabelece uma Constituição para a Europa, consagrando o princípio da proporcionalidade como princípio fundamental. Podemos observar claramente a menção ao presente princípio, na Constituição Europeia, pela leitura de parte do próprio texto constitucional, artigo I-11º:

> 1. A delimitação das competências da União rege-se pelo princípio da atribuição. O exercício das competências da União rege-se pelos **princípios** da subsidiariedade e da **proporcionalidade**.
>
> (...)
>
> 2. Em virtude do princípio da subsidiariedade, nos domínios que não sejam da sua competência exclusiva, a União intervém apenas se e na medida em que os objetivos da ação considerada não possam ser suficientemente alcançados pelos Estados-Membros, tanto ao nível central como ao nível regional e local, podendo contudo, devido às dimensões ou aos efeitos da ação considerada, ser melhor alcançados ao nível da União. As instituições da União aplicam o princípio da subsidiariedade em conformidade com o Protocolo relativo à aplicação dos **princípios** da subsidiariedade e da **proporcionalidade**. Os Parlamentos nacionais velam pela observância deste princípio de acordo com o processo previsto no referido Protocolo.
>
> 3. Em virtude do **princípio da proporcionalidade**, o conteúdo e a forma da ação da União não deve exceder o necessário para alcançar os objetivos da Constituição. As instituições da União aplicam o **princípio da proporcionalidade** em conformidade com o Protocolo relativo à aplicação dos **princípios** da subsidiariedade e da **proporcionalidade**. (grifo nosso)

Essa menção do princípio da proporcionalidade pelo Tratado de Maastricht e posteriormente pela Constituição Europeia, faz com que tanto na doutrina quanto nas instituições ligadas ao Direito Comunitário, haja grande confusão entre ambos.

Essa confusão é agravada ainda mais pela escassez de esclarecimento que cerca os respectivos princípios. Alguns classificam-nos como sinônimos ou mero complemento um do outro; outros tentam estabelecer alguns parâmetros de diferenciação insuficientes.

Propomos aqui um melhor desenvolvimento a fim de tornar compreensíveis os pontos e aspectos distintivos e comuns entre os princípios de subsidiariedade e da proporcionalidade.

Um ponto em comum entre os princípios é o de que ambos estão destinados ao controle do exercício de competências na União Europeia, enquadrando a intervenção comunitária e evitando o excesso de intervenção da Comunidade maior naquilo que compete aos Estados-membros.

Sobre os pontos de distinção, iniciamos quanto à consagração em textos legislativos em que o princípio de subsidiariedade, mesmo que implicitamente, sempre esteve presente nos tratados relativos ao processo de integração europeia e em outros textos legislativos, conforme vimos, enquanto o princípio da proporcionalidade só foi mencionado a partir do tratado de Maastricht em 1992.

Quanto à origem, o princípio de subsidiariedade é princípio de origem doutrinária, enquanto o princípio da proporcionalidade é de origem jurisprudencial. Marcadamente se caracteriza a proporcionalidade a uma aplicação restrita aos tribunais, assegurando a aplicação de medidas sempre proporcionais e condizentes com o sistema jurídico.

Quanto ao objeto, o princípio de subsidiariedade preocupa-se com a fixação do nível mais apropriado para se alcançar um certo fim do tratado, em matérias concorrenciais; já o princípio da proporcionalidade tem um domínio de aplicação mais amplo, porque vincula a Comunidade mesmo no exercício de poderes exclusivos, proibindo a prática de excessos.

Assim, detectada a titularidade de atribuições e competências da Comunidade, o seu exercício depende necessariamente da obediência ao Princípio da Subsidiariedade (do preenchimento das condições de necessidade e eficácia) e posteriormente do teste da proporcionalidade (proibição de excessos).[173]

Cabe ao princípio de subsidiariedade realizar a avaliação e constatar insuficiência de meios dos Estados-membros e da mais-valia da ação comunitária, e por outro lado, pelo princípio da proporcionalidade, cabe a adequação e aplicação de medida proporcional dos instrumentos para a prossecução de um determinado objetivo.[174]

Isso significa que, mesmo quando por efeito dos critérios definidos pelo princípio da subsidiariedade, a ação couber à União e não aos Estados-membros, ainda assim, a atuação da União está limitada pela proporcionalidade, proibindo a prática de excessos.

Nessa medida, consideramos os princípios com efeitos e significados diferentes e singulares, todavia dotados da mais estreita ligação, em que a atuação da União deve ser subsidiária na proporção adequada, ou seja, subsidiária e proporcional.

É possível considerar o princípio da proporcionalidade como regulador do princípio da subsidiariedade, como própria limitação de sua aplicação, direcionando o princípio sempre ao cumprimento dos objetivos instituídos no Tratado, sem todavia exceder o necessário.

---

(173) SARAIVA, Rute Gil. *Sobre o princípio da subsidiariedade:* gênese, evolução, interpretação e aplicação, p. 74.
(174) *Idem.*

Capítulo 4

O Princípio de Subsidiariedade no Mundo Globalizado

O princípio de subsidiariedade tem sua vigência originariamente marcada pelo reconhecimento e o respeito de espaços de autonomia. Isso foi demonstrado em capítulos anteriores. Todavia, as questões relacionadas à autonomia das partes ressurgem na contemporaneidade motivadas pelo processo de integração entre Estados e sobretudo no âmbito da relação dos Estados supranacionais e Estados-membros.

A pessoa se encontra no fundamento da cadeia de subsidiariedade, seguida pela formação das associações intermediárias, culminando com o Estado e atualmente os Estados supranacionais ocupando a última escala.

Não é por acaso que o princípio de subsidiariedade encontrou um espaço adequado para sua vigência no Direito Comunitário. A formação do que hoje se denomina Estado supranacional eleva a aplicação do princípio de subsidiariedade a um novo nível.

Sem perder sua vigência originária, o espaço de autonomia antes exclusivamente reservado pelo princípio de subsidiariedade à pessoa e aos níveis intermediários, é hoje no âmbito do Direito Comunitário reservado aos Estados nacionais como reconhecimento de uma ordem política justa e moral.

Assim, como é injusto subtrair às pessoas o que elas podem efetuar com a própria iniciativa e trabalho para o confiar à comunidade ou ao Estado, do mesmo modo passar para uma organização política supranacional o que os Estados-membros podem realizar é uma injustiça e grave erro.

É nessa medida que o princípio de subsidiariedade assume seu papel no direito comunitário, como princípio capaz de estabelecer a distribuição de competências entre os Estados-membros e o Estado supranacional, evitando, assim, a centralização de atribuições do órgão político superior por um lado e, por outro lado, evitando também a anulação da participação dos Estados-membros.

Sob essa ótica, a União Europeia é o exemplo mais evidente do redimensionamento do campo político ocasionado pela crescente globalização em seus variados setores, nos quais o princípio de subsidiariedade é expressamente reconhecido. Contudo, "o preço da globalização não pode ser um retrocesso em termos de direito e de democracia".[175]

---

(175) HÖFFE, Otfried. *Visão república mundial – democracia na era da globalização*, p. 557.

Assim, passaremos a uma análise dos efeitos da aplicação do princípio de subsidiariedade nesse âmbito, sobretudo com a preocupação de adotar o princípio de subsidiariedade como instrumento legitimador do Estado supranacional, atuando também na preservação dos direitos fundamentais e na manutenção da maior conquista política moderna, a saber, o Estado democrático constitucional, que para muitos simboliza uma conquista de ordem moral, tanto quanto jurídico-política.

4.1. Princípio de subsidiariedade e o Estado supranacional

As mudanças decorrentes da crescente globalização em setores econômicos, políticos, sociais, culturais e outros, ocasionaram também uma mudança no comportamento humano, uma vez que a proximidade das relações sociais entre pessoas de diversas culturas e localizações geográficas gera o que se denomina hoje de sociedade mundial.

A inevitável constatação da existência da globalização como fenômeno social, sobretudo no âmbito dos mercados financeiros e econômicos, e a criação de Estados supranacionais como consequência desses fatores globalizantes, conduz ao levantamento de uma questão sobre a eventual ameaça que possa representar às instituições democráticas e aos direitos fundamentais.

As questões que se deve colocar são as seguintes: a formação de Estados supranacionais, tais como a União Europeia, colocaria em risco os direitos fundamentais e os direitos humanos assegurados no quadro institucional dos Estados-membros? O Estado supranacional representa centralização do poder e, em decorrência, a extinção da importância e do poder dos Estados-membros?

Entendemos que é a partir da formação de Estados supranacionais que reside a segurança para tais conquistas da modernidade, desde que devidamente amparada pela aplicação do princípio da subsidiariedade.

Um Estado supranacional democrático deve estar comprometido com os direitos humanos e sobretudo com a divisão dos poderes, já que concordamos que o preço da globalização não pode ser um retrocesso em termos de direito e de democracia, conforme dito anteriormente. Portanto, uma ordem jurídica supranacional liberal, social e participativa é uma realidade irrenunciável para os tempos atuais.

Assim, é necessário que "uma sociedade mundial prudente deixe muitas coisas entregues ao seu próprio destino: à criatividade de indivíduos e grupos, à livre concorrência, às empresas e aos Estados, aos grupos de Estados, inclusive à evolução social"; consideramos que "também é mister sua forma habitual de organização, a saber, democracia comprometida com o direito e a justiça".[176]

Para a manutenção da valorização das iniciativas individuais, ou seja, para um não sufocamento das sociedades dentro dos seus âmbitos nacionais de atuação, é importante uma valorização dos Estados nacionais, em que "os Estados individuais continuam

---

(176) HÖFFE, Otfried. *Visão república mundial — democracia na era da globalização*, p. 558.

sendo responsáveis pela primeira e fundamental garantia do direito. Cabe-lhe a posição de primeiros ou primários, ao passo que o Estado supranacional é apenas um Estado secundário" ou subsidiário.[177]

De acordo com esse ponto de vista, "o crescente internacionalismo, supõe uma permanência e fortalecimento dos Estados nacionais dentro da Sociedade internacional".[178] Essa visão reforça ainda mais o valor dos Estados nacionais, conflitando diretamente com teorias que propagam a eliminação dos Estados nacionais pela globalização e pela criação dos Estados supranacionais.

Esse Estado supranacional do qual falamos, não adota uma postura centralizadora, mas sim deve configurar-se como um Estado que reconheça a importância das instâncias inferiores, e por essa razão, os Estados nacionais ou Estados-membros preservam a sua esfera de autonomia e importância extrema dentro dessa reestruturação.

Com base no pensamento de Höffe, apontando para o que o autor denomina uma ideia de república mundial, podemos argumentar a favor do princípio de subsidiariedade em dois aspectos:

> Por um lado, é mister construir a república mundial, não de cima para baixo, mas democraticamente e de baixo para cima: a partir dos cidadãos e dos Estados individuais e, tão logo há uma pluralidade de Estados, torna-se necessário construir a república mundial a partir de uniões continentais.[179]

Por isso, "não se trata de um Estado mundial central, mas de um Estado mundial federativo: uma república federativa mundial. Estados que se comprometem com os direitos humanos e a soberania popular", razão pela qual, "os Estados não são obrigados a dissolver-se[180],

---

(177) HÖFFE, Otfried. *Visão república mundial — democracia na era da globalização*, p. 559.

(178) BARACHO, José Alfredo de Oliveira. *O princípio de subsidiariedade:* conceito e evolução, p. 34.

(179) HÖFFE, Otfried. *Visão república mundial — democracia na era da globalização*, p. 559.

(180) Sobre a importância do Estado nacional, ou sobre a afirmação de que os Estados nacionais estariam ultrapassados, Höffe aponta as seguintes objeções: "apesar de numerosas perversões devastadoras, esse Estado pôde tornar-se o modelo mundialmente dominante, só em virtude de realizações importantes. Por exemplo, ele separa Estado e sociedade, do que segue a liberdade religiosa, econômica e cultural dos indivíduos. A liberdade econômica, por sua vez, contribui para o bem-estar material. Além disso, nem a economia moderna nem a administração moderna podem ser concebidas sem aquela integração comunicativa da população, a qual somente logra êxito no âmbito do Estado nacional. Também a renovação da cultura e ciência europeias, mais a introdução do ensino obrigatório geral e a elevação do nível de formação e instrução de todos os cidadãos, representam resultados civilizatórios com raízes no Estado nacional. Demais disso, o Estado nacional assume a responsabilidade pelos ônus consequentes do desenvolvimento econômico. Ele se aperfeiçoa em comunidade solidária, na qual os antigos súditos são cidadãos, no sentido enfático do termo: companheiros de direito que se sentem responsáveis uns pelos outros. O Estado nacional colabora ainda para uma primeira realização da ética universalista do direito e do Estado, dando espaço à ideia dos direitos fundamentais e dos direitos humanos, introduz a soberania popular e o parlamento geral e também elimina, depois da servidão, os privilégios de classes bem como a desigualdade jurídica da mulher".

muito pelo contrário, eles têm um direito à continuidade".[181] E essa continuidade é pressuposto para um projeto de Estado mundial.

Em defesa da manutenção ao Estado nacional, Höffe entende que "a única figura hoje legítima e a única figura que tem futuro é um 'Estado nacional esclarecido'. E esse se caracteriza pela abertura para ordenamentos políticos supranacionais; em primeiro lugar, para unidades continentais, como a União Europeia e, em última instância, para a república mundial. Esta, por sua vez, reconhece o direito de existência dos Estados individuais, do que resulta o outro lado da subsidiariedade do Estado mundial".[182]

Para melhor compreensão sobre a inserção do princípio de subsidiariedade nessa perspectiva, temos que:

> A república federativa mundial não dissolve os Estados individuais, mas complementa-os; nesse sentido, ela é apenas um Estado complementar. De resto, os Estados individuais não devem ser subestimados. Muitas tarefas ainda podem ser resolvidas e solucionadas de forma mais eficaz e mais próxima aos cidadãos no nível do Estado individual.[183]

Por essa razão, o estado supranacional e "a república mundial não podem ocupar o lugar dos Estados nacionais individuais. Ela não deve dissolver a rica organização interna, os países e as comunas, nem as unidades continentais nos moldes da União Europeia. Ela ocupa apenas uma posição auxiliar, subsidiária e complementar".[184]

A ideia de república mundial, conforme preceitua Höffe, "não é uma "má utopia": não é uma ordem mundial que somente pode ser sonhada mas não realizada. Pelo contrário, lentamente já estamos a caminho dela."[185]

Nessa perspectiva, sustentamos a aplicação do princípio da subsidiariedade como instrumento de legitimação de uma ordem estatal supranacional, de que a União Europeia constitui já uma realidade.

A república mundial subsidiária e federativa é algo diferente: é uma utopia do ainda-não, um ideal, para cuja realização a humanidade se vê obrigada em termos de moralidade jurídica.

Contudo, a única república mundial moralmente legítima é a unidade federativa dos Estados[186], e é nesse espírito que admitimos a aplicação de tal princípio, ou seja, como instrumento capaz de proporcionar a legitimação daquela ordem.

---

(181) HÖFFE, Otfried. *Visão república mundial — democracia na era da globalização*, p. 559.
(182) *Ibidem*, p. 560.
(183) *Idem*.
(184) *Idem*.
(185) *Ibidem*, p. 561.
(186) *Ibidem*, p. 565.

Para Höffe, existem várias estratégias para a legitimação democrática da república mundial. Todavia, considera-se como mais razoável a denominada estratégia combinada; esta por sua vez uniria a justificação dos cidadãos à dos Estados. Para tanto:

> Todo o poder do Estado mundial parte de uma dupla população de cidadãos: da comunhão entre todos os homens e todos os Estados. Essa dupla estratégia deve firmar-se na organização da república mundial. Seu órgão supremo, o legislador mundial enquanto parlamento mundial, deve consistir, por exemplo, de duas câmaras: de um parlamento mundial, enquanto câmara dos cidadãos, e de um conselho mundial, enquanto câmara dos Estados.[187]

Assim, a despeito do que mencionamos, Höffe nos propõe um balanço conclusivo, onde:

> O Estado mundial, proposto ético-juridicamente à humanidade, em função do imperativo universal do direito e da democracia, deve ser instituído como uma república mundial complementar, subsidiária e, ademais, federativa. Nela somos cidadãos do mundo[188], mas não no sentido exclusivo e sim no sentido complementar.[189]

Importa ressaltar as dimensões de uma nova cidadania, ou seja, uma cidadania múltipla, que consiste em ser cidadão do Estado ou da Europa, e secundariamente a outra, portanto, de forma escalonada, as duas coisas juntas, e, em terceiro lugar, somos cidadãos do mundo: cidadãos da república mundial subsidiária e federativa.[190]

A aplicação do princípio de subsidiariedade, no âmbito da sociedade internacional, deve se dar sempre objetivando a integração sem, todavia, reduzir as potencialidades dos entes circunjacentes. Ressurgem as preocupações em torno da comunidade internacional, em que as críticas ao internacionalismo apontam as dificuldades em se criar a verdadeira solidariedade internacional, tendo em vista a ausência de certo modo natural e espontâneo de vida entre os habitantes de uma mesma terra e herdeiros de patrimônio

---

(187) HÖFFE, Otfried. *Visão república mundial — democracia na era da globalização*, p. 565.

(188) Sobre o sentido exclusivo de cidadão do mundo, corresponde ao cosmopolitismo que se "fixa para assumir uma posição contrária à vida concreta no Estado". Define-se, portanto, como um cosmopolitismo inimigo dos Estados individuais. Com um sentimento de superioridade moral, via de regra dizem — não sou alemão, francês ou italiano, mas apenas cidadão do mundo. Aqui o Estado mundial é colocado no lugar do Estado individual, e o direito dos cidadãos do mundo substitui o direito "nacional" do cidadão. No estado mundial homogêneo, "globalístico", o homem é cidadão do mundo em lugar de cidadão do Estado. Essa disjunção, "ou nacional ou global", por outra, "ou estatalmente individual ou cosmopolita", faz desaparecer a república mundial complementar. Seu direito de cidadania do mundo não substitui o direito nacional de cidadão, mas é-lhe complementar. Além disso, introduz as unidades macrorregionais intermediárias e o direito de cidadania a elas pertencente. De Karl Kraus sabemos: "Sempre achei algo glorioso ter uma terra natal. Tendo ainda uma pátria, a gente não deve arrepender-se disso; mas não há nenhuma razão para a soberba; e até portar-se como se a gente tivesse uma pátria e os outros não tivessem nenhuma, isso me parece errôneo".

(189) HÖFFE, Otfried. *Visão república mundial — democracia na era da globalização*, p. 565.

(190) *Ibidem*, p. 566.

comum. Nas diversas fórmulas aparecem as preocupações com um possível cidadão do mundo, do supergoverno mundial, que se proporia a repartir o desenvolvimento e redistribuir as riquezas.[191]

Na realidade, essas preocupações decorrem de uma certa dúvida em relação à ideal aplicação do princípio de subsidiariedade nos mesmos moldes em que se aplica no âmbito interno, na mesma conformidade e harmonia com demais princípios que visem à permanente valorização da pessoa humana.

A construção da sociedade internacional com o princípio de subsidiariedade, segundo o qual, os grupos intermediários não podem ser reduzidos, nem esquecidos, quando tratam da federação, pelo que devem ter ação e prolongamento até a sociedade internacional, é o caminho adequado a uma ordem política justa.

O princípio de subsidiariedade, na ordem internacional ou interna de cada Estado, toma como pressuposto essencial a consideração das entidades menores e o respeito dos espaços de autonomia.

A licitude ou legitimidade do supergoverno mundial legítimo depende, em boa parte, da obediência ao princípio de subsidiariedade. A convivência das estruturas nacionais com a supranacional pode ser alcançada por meio do respeito ao mesmo princípio. O supergoverno mundial seria legitimado pelo cumprimento do princípio de subsidiariedade, respeitando o que, por sua própria conta, façam ou possam fazer os Estados.

A aceitação do princípio de subsidiariedade no organismo supranacional e infranacional, levará à correta captação das divergências e ao respeito das variedades.[192]

No projeto de construção da União Europeia ressurge, com grande força, o princípio de subsidiariedade, na ótica que ora adotamos, sobretudo sua pertinência ligada ao problema da integração. Nesse processo, a ideia de subsidiariedade justifica e garante a autonomia dos grupos fundadores.[193]

O planejamento democrático não entra em contradição com o princípio de subsidiariedade, desde que saibamos examiná-lo à luz de sua função e da natureza dos atos que envolve.[194] Pelo contrário, entendemos ser essencial para a manutenção da ordem democrática a aplicação de tal princípio.

É nesse sentido que o princípio de subsidiariedade é hoje um dos fundamentos, também, da União Europeia, levando à correlação entre integração e autonomia, capaz de assegurar liberdade dos diversos Estados que fazem parte do processo aproximativo geral, com preservação das suas potencialidades individuais.[195]

---

(191) BARACHO, José Alfredo de Oliveira. *O princípio de subsidiariedade*: conceito e evolução, p. 34-35.

(192) *Ibidem*, p. 36.

(193) *Ibidem*, p. 71.

(194) *Ibidem*, p. 39.

(195) *Ibidem*, p. 46.

O princípio de subsidiariedade suscita discussões sobre a atuação dos Estados soberanos europeus em referência à aplicação de política de subsidiariedade aos grupos sociais, às coletividades locais e aos grupos intermediários. Com o Tratado de Maastricht e a posterior promulgação da Constituição Europeia, a ideia de subsidiariedade adquiriu novo realce.

A comunidade não atua apenas para executar as tarefas que lhe são confiadas pelos tratados, na realização dos objetivos definidos por eles. Quando as competências não são exclusivamente, ou por complementariedade, devolvidas à União, ela em sua forma de atuação, age na medida em que a realização de seus objetivos exige intervenção, porque suas dimensões ou seus efeitos ultrapassam as fronteiras dos Estados-membros. Por essa razão, as tarefas podem ser empreendidas de maneira mais eficaz, pela própria comunidade, em lugar de os Estados-membros atuando separadamente.[196]

O princípio, em sua definição, revela a fidelidade à ideia secular da União Europeia e à ideia de subsidiariedade, no desenvolvimento das ideias políticas. Tal princípio foi introduzido na Europa como manifestação da evidência de bom-senso, preocupando-se com a união das diversidades e a distribuição das tarefas, pelas instâncias responsáveis por sua execução.[197]

A União Europeia obedece ao princípio da subsidiariedade na medida em que os Estados-membros conferem à União realizar tarefas que eles não podem cumprir separadamente. As competências comunitárias são enumeradas e reclamam justificação, enquanto as competências nacionais são definidas na ordem jurídica interna, e devem se submeter ao filtro de subsidiariedade.[198]

Os europeus, nos dias de hoje, se ocupam com a possibilidade de garantir o máximo de autonomia nas diversas sociedades, bem como as formas de atuação que deveriam ser usadas em cada nova circunstância.[199]

Notamos que as dimensões essenciais que caracterizam a cultura europeia e seu próprio destino coincidem com a essência do princípio de subsidiariedade, com a diversidade que fez a riqueza da Europa, depois de constituir o fator de seu desenvolvimento no passado; as experiências múltiplas permitiram o progresso, a autonomia e a responsabilidade dos atores, concretizando a filosofia da pessoa e a filosofia da ação. Ela propiciou também concepções antropológicas e éticas; a concorrência foi considerada como motor da energia social, resultando no crescimento do bem-estar geral; a categoria do possível, ou ainda o reconhecimento modesto das realidades históricas e dos costumes, promovida pela visão global dos interesses gerais.[200]

---

(196) BARACHO, José Alfredo de Oliveira. *O princípio de subsidiariedade:* conceito e evolução, p. 72.
(197) *Ibidem*, p. 73.
(198) *Idem*.
(199) *Ibidem*, p. 74.
(200) *Ibidem*, p. 75.

Portanto, a manutenção das conquistas representadas pelos direitos humanos fundamentais, a realidade em que consiste a União Europeia e a inserção do princípio de subsidiariedade em seu texto constitucional, revelam uma lógica de dependência entre esses fatores, imprescindíveis para o esboço de uma república mundial fundada em preceitos morais, disposta a valorizar o homem em sua plenitude como pessoa.

Assim, concordamos que:

> A república mundial não se apresenta como uma exaltada utopia no fundamental 'nunca e lugar nenhum'. Não se trata de estabelecer uma ordem mundial tão amplamente perfeita que permita que leões convivam de modo pacífico com ovelhas, e crianças com serpentes venenosas. Isso, quando muito, pode acontecer no 'fim de todos os dias, na consumação do tempo, ou seja, no além. Nem nos estamos entregando a um sonho que distorce a realidade do mundo, a uma ilusão pessoal ou coletiva, nem estamos prometendo aquela plenitude do bem-estar que as religiões chamam de 'salvação' e que, com razão, não esperam para este mundo.[201]

Portanto, é fundamental uma definição de atribuições e funções que devem ser exercidas pelos Estados nacionais, diante da existência de um Estado supranacional, a fim de evitar a centralização das decisões nas mãos das organizações supraestatais, o que representaria uma perda considerável do espaço de autonomia de cada um dos Estados.

Por outro lado, não se pode exigir que os Estados nacionais continuem a agir como se não existisse o Estado supranacional, uma vez que a sua criação é decorrente da manifestação de vontade dos próprios Estados nacionais. Sendo assim, as primícias, uma nova ordem política, social, econômica passam a existir.

É preciso demarcar com grande cuidado o limite de atuação dos Estados, sempre preservando os direitos e conquistas políticas decorrentes do próprio processo histórico em que cada um se insere, para posteriormente definir com igual cuidado o que compete ao Estado supranacional.

Assim, consideramos a União Europeia uma realidade na qual essas questões sobre a autonomia das partes são extremamente atuais e onde a aplicação do princípio de subsidiariedade consiste em outra realidade a ser levada em consideração.

O futuro desse processo de integração cabe à História demonstrar, mas acreditamos num futuro promissor, numa convivência entre espaços de autonomia e de decisão, que possam conviver numa relação baseada no consentimento e sobretudo garantindo a manutenção da paz. Isso só será possível com a efetiva e adequada vigência do princípio de subsidiariedade, possibilitando a resolução de eventuais conflitos, não pela força, mas pelo direito.

---

(201) HÖFFE, Otfried. *Visão república mundial — democracia na era da globalização*, p. 562.

Conclusão

Em análise conclusiva, consideramos que a subsidiariedade, tratada inicialmente como mera noção, está fortemente ligada à necessária distinção entre indivíduo e pessoa e o conceito de autonomia, visto que é somente a partir do reconhecimento do sujeito livre e consciente, portanto autônomo, que a formulação do princípio de subsidiariedade será compreendido de maneira adequada.

Para a existência do princípio de subsidiariedade há uma dependência da existência de no mínimo outros dois requisitos fundamentais, a saber, a multiplicidade de níveis que se relacionam entre si, ou seja, para que haja subsidiariedade é preciso que haja no mínimo um ente que subsidia e outro subsidiado; e o reconhecimento e respeito, por parte daquele que subsidia, do espaço de autonomia e liberdade do subsidiado, só interferindo na esfera de autonomia quando estritamente necessário. Só assim será possível falarmos em uma relação adequada à vigência do princípio de subsidiariedade.

O princípio de subsidiariedade ainda supõe que a pessoa humana esteja em relação com os outros seres humanos, das mais variadas formas, desde a família até a participação social e política, como condição para atingir um *status* de dignidade. A pessoa, ao associar-se com os outros, abre caminho para realizar-se mais em sua humanidade.

Assim, a conexão entre o princípio de subsidiariedade e as considerações de natureza humanista, se dá por uma convergência em suas bases argumentativas. A valorização do Homem e o reconhecimento do mesmo como pessoa, que como tal deverá atuar dignamente na relação com o poder público.

O princípio de subsidiariedade, presente nos tratados internacionais responsáveis pelo processo de formação da União Europeia e na própria Constituição europeia, representa uma inovação na ordem constitucional global, sobretudo por elevar sua condição de princípio de filosofia social para princípio constitucional, apto a figurar expressamente em modelos constitucionais contemporâneos, seja no âmbito do direito comunitário ou não.

Assim, pelas razões apresentadas nessa dissertação, sustentadas e fundamentadas sobretudo na teoria dos princípios de Robert Alexy, concluímos ser o princípio de subsidiariedade um princípio jurídico com estatuto constitucional, responsável atualmente por um retorno às discussões acerca das atribuições do público e do privado, suscitando um debate extremamente atual e ainda carente de estudos.

Consideramos ser o objetivo central do princípio proporcionar o equilíbrio das relações entre os diversos níveis, desde a pessoa, passando pelos níveis intermediários, chegando até o Estado e os Estados supranacionais, visando garantir a preservação dos espaços de autonomia e estabelecendo as condições necessárias para desenvolvimento de cada um dos níveis.

Encontrando sua fonte em diversas áreas, como ciência política e sociologia, passando pela filosofia Aristotélico-Tomista e acolhido na própria Doutrina Social da Igreja, foi transposto para o direito público, podendo ser aplicado na formação de um novo modelo de Estado, visando assegurar a liberdade, a autonomia e consequente dignidade da pessoa humana.

A partir dessa roupagem constitucional que reveste o princípio de subsidiariedade, notamos os inúmeros benefícios decorrentes de sua aplicação, tanto para o cumprimento das tarefas que cabem ao poder público cumprir quanto para o desenvolvimento da pessoa como condição natural de sua realização e completude.

Constatamos a necessária inclusão do princípio de subsidiariedade como legitimador de uma ordem constitucional global, proporcionando a criação de Estados supranacionais, sem que isso signifique a perda das conquistas dos Estados nacionais, mantendo sobretudo os direitos que visem à valorização da pessoa humana, elevando ainda mais esses valores para uma ordem internacional.

Destacamos, por fim, que o objetivo deste trabalho é chamar atenção para a importância do estudo do princípio de subsidiariedade, visando incentivar e incrementar o debate, a fim de afastar os preconceitos acerca do princípio, sobretudo àqueles que o consideram um princípio estritamente ligado à tradição teológico-cristã, enfatizando sua importância na ordem constitucional global.

Concordamos que a não observância desse princípio em tempos contemporâneos pode comprometer de modo irremediável a autenticidade de uma democracia, inibindo as legítimas iniciativas dos indivíduos e dos grupos menores numa organização política. Trata-se de uma alternativa coerente para a manutenção das instituições democráticas e preservação dos direitos até aqui sedimentados pelo Homem.

Anexo I

2. Protocolo relativo à aplicação dos princípios da subsidiariedade e da proporcionalidade

AS ALTAS PARTES CONTRATANTES, DESEJANDO assegurar que as decisões sejam tomadas tão próximo quanto possíveis dos cidadãos da União, DETERMINADAS a fixar as condições de aplicação dos princípios da **subsidiariedade** e da proporcionalidade consagrados no artigo I-11º da Constituição, bem como a instituir um sistema de controlo da aplicação dos referidos princípios, ACORDARAM nas disposições seguintes, que vêm anexas ao Tratado que estabelece uma Constituição para a Europa:

Artigo 1º Cada instituição assegura continuamente a observância dos princípios da **subsidiariedade** e da proporcionalidade definidos no artigo I-11º da Constituição.

Artigo 2º Antes de propor um ato legislativo europeu, a Comissão procede a amplas consultas. Tais consultas devem, se for caso disso, ter em conta a dimensão regional e local das ações consideradas. Em caso de urgência excepcional, a Comissão não procederá a estas consultas, fundamentando a sua decisão na proposta que apresentar.

Artigo 3º Para efeitos do presente Protocolo, entende-se por "projeto de ato legislativo europeu" as propostas da Comissão, as iniciativas de um grupo de Estados-Membros, as iniciativas do Parlamento Europeu, os pedidos do Tribunal de Justiça, as recomendações do Banco Central Europeu e os pedidos do Banco Europeu de Investimento, que tenham em vista a adoção de um ato legislativo europeu.

Artigo 4º A Comissão envia os seus projetos de atos legislativos europeus e os seus projetos alterados aos Parlamentos nacionais, ao mesmo tempo que ao legislador da União. O Parlamento Europeu envia os seus projetos de atos legislativos europeus e os seus projetos alterados aos Parlamentos nacionais. O Conselho envia os projetos de atos legislativos europeus emanados de um grupo de Estados-Membros, do Tribunal de Justiça, do Banco Central Europeu ou do Banco Europeu de Investimento, bem como os projetos alterados, aos Parlamentos nacionais. Logo que sejam aprovadas, as resoluções legislativas do Parlamento Europeu e as posições do Conselho serão enviadas por estas instituições aos Parlamentos nacionais.

Artigo 5º Os projetos de atos legislativos europeus são fundamentados relativamente aos princípios da **subsidiariedade** e da proporcionalidade. Todos os projetos de atos legislativos europeus devem incluir uma ficha com elementos circunstanciados que permitam apreciar a observância dos princípios da **subsidiariedade** e da proporcionalidade. A mesma ficha deve conter elementos que permitam avaliar o impacto financeiro do projeto, bem como, no caso das leis-quadro europeias, as respectivas implicações para a regulamentação a aplicar pelos Estados-Membros, incluindo, nos casos pertinentes, a legislação regional. As razões que permitam concluir que determinado objetivo da União pode ser melhor alcançado ao nível desta serão corroboradas por indicadores qualitativos e, sempre que possível, quantitativos. Os projetos de atos legislativos europeus têm em conta a necessidade de assegurar que qualquer encargo, de natureza financeira ou administrativa, que incumba à União, aos Governos nacionais, às autoridades regionais ou locais, aos agentes econômicos e aos cidadãos, seja o menos elevado possível e seja proporcional aos objetivos a realizar.

Artigo 6º Qualquer Parlamento nacional ou qualquer das câmaras de um desses Parlamentos pode, no prazo de seis semanas a contar da data de envio de um projeto de ato legislativo europeu, dirigir aos Presidentes do Parlamento Europeu, do Conselho e da Comissão um parecer fundamentado em que exponha as razões pelas quais considera que o projeto em questão não obedece ao princípio da **subsidiariedade**. Cabe a cada um dos Parlamentos nacionais ou a cada uma das câmaras de um Parlamento nacional consultar, nos casos pertinentes, os Parlamentos regionais com competências legislativas. Se o projeto de ato legislativo europeu emanar de um grupo de Estados-Membros, o Presidente do Conselho enviará o parecer aos Governos desses Estados-Membros. Se o projeto de ato legislativo europeu emanar do Tribunal de Justiça, do Banco Central Europeu ou do Banco Europeu de Investimento, o Presidente do Conselho enviará o parecer à instituição ou órgão em questão.

Artigo 7º O Parlamento Europeu, o Conselho e a Comissão, bem como, eventualmente, o grupo de Estados-Membros, o Tribunal de Justiça, o Banco Central Europeu ou o Banco Europeu de Investimento, se deles emanar o projeto de ato legislativo, têm em conta os pareceres fundamentados emitidos pelos Parlamentos nacionais ou por uma câmara de um desses Parlamentos. Cada Parlamento nacional dispõe de dois votos, repartidos em função do sistema parlamentar nacional. Nos sistemas parlamentares nacionais bicamerais, cada uma das câmaras dispõe de um voto. No caso de os pareceres fundamentados sobre a inobservância do princípio da **subsidiariedade** num projeto de ato legislativo europeu representarem, pelo menos, um terço do total dos votos atribuídos aos Parlamentos nacionais nos termos do segundo parágrafo, o projeto deve ser reanalisado. Este limiar é de um quarto quando se tratar de um projeto de ato legislativo europeu apresentado com base no artigo III-264.º da Constituição, relativo ao espaço de liberdade, segurança e justiça. Depois dessa reanálise, a comissão, ou, eventualmente, o grupo de Estados-Membros, o Parlamento Europeu, o Tribunal de Justiça, o Banco Central Europeu ou o Banco Europeu de Investimento, se deles emanar o projeto de ato legislativo europeu, podem decidir manter o projeto, alterá-lo ou retirá-lo. Esta decisão deve ser fundamentada.

Artigo 8º O Tribunal de Justiça da União Europeia é competente para conhecer dos recursos com fundamento em violação, por um ato legislativo europeu, do princípio da **subsidiariedade**, interpostos nos termos do artigo III-365.º da Constituição por um Estado-Membro, ou por ele transmitidos, em conformidade com o seu ordenamento jurídico interno, em nome do seu Parlamento nacional ou de uma câmara desse Parlamento.

Nos termos do mesmo artigo, o Comitê das Regiões pode igualmente interpor recursos desta natureza relativamente aos atos legislativos europeus para cuja adoção a constituição determine que seja consultado.

Artigo 9º A comissão apresenta anualmente ao Conselho Europeu, ao Parlamento Europeu, ao Conselho e aos Parlamentos nacionais um relatório sobre a aplicação do artigo I-11º da Constituição. Este relatório anual e igualmente enviado ao Comitê das Regiões e ao Comitê Econômico e Social.

Referências Bibliográficas

ABBAGNANO, Nicola. *Dicionário de filosofia*. Trad. Alfredo Bosi. 2. ed. São Paulo: Martins Fontes, 1998.

AGESTA, Luis Sanches. *El princípio de función subsidiaria*. Revista de Estudios Políticos 121: 1962.

AGOSTINHO, Santo. Coleção *"Os pensadores"*. Trad. J. Oliveira Santos, A. Ambrósio de Pina. São Paulo: Nova Cultural, 2004.

ALEXY, Robert. *Teoria de los derechos fundamentales*. Madrid: Centro de Estúdios Constitucionales, 1993.

ALMEIDA, Elizabeth Accioly Pinto de. *Mercosul & União Europeia*: estrutura jurídico-institucional. 2. ed. Curitiba: Juruá, 2002.

AMARAL, Carlos Eduardo Pacheco. *Do estado soberano ao estado das autonomias*: regionalismo, subsidiariedade e autonomia para uma nova ideia de estado. Porto: Afrontamento, 1998.

ANDRADE, José Carlos Vieira. *Os direitos fundamentais na Constituição portuguesa de 1976*. Coimbra: Almedina, 1998.

AQUINO, Tomás de. *Suma teológica*. Trad. Alexandre Correa. Coleção "Os Pensadores". São Paulo: Abril Cultural, 1979.

ARENDT, Hannah. *A condição humana*. Rio de Janeiro: Forense Universitária, 1991.

ARISTÓTELES. *A Política*. São Paulo: Nova Cultural, 2004.

BARACHO, José Alfredo de Oliveira. *O princípio de subsidiariedade*: conceito e evolução. Rio de Janeiro: Forense, 1996.

BARRETTO, Vicente de Paulo. Bioética, biodireito e direitos humanos. In: TORRES, Ricardo Lobo (Org.). *Teoria dos direitos fundamentais*. Rio de Janeiro: Renovar, 2001.

BASTOS, Celso Ribeiro. *Hermenêutica e interpretação constitucional*. São Paulo: Celso Bastos, 1999.

BEUCHOT, Mauricio. La persona y la subjetividad en la filología y la filosofía. In: *Revista Latinoamericana de Política, Filosofía y Derecho*, Universidade Nacional Autónoma de México, México, n. 16, 1996.

BOBBIO, Norberto; MATTEUCCI, Nicola; PASQUINO, Gianfranco. *Dicionário de Política*. Brasília: Editora Universidade de Brasília, 2004.

_____. *A era dos direitos*. Rio de Janeiro: Campus, 1992.

_____. *Estado, governo e sociedade*. Rio de Janeiro: Paz e Terra, 1987.

BOETHIUS. Contra Eutychen et Nestorium. In: *The Theological Tractates/Consolation of Philosophy*. London: William Heinemann, 1936, p. 79-87. A partir do original latino apresentado por Stewart e Rand em Boethius — The Theological Tractates, London--Cambridge: Loeb, 1953.

BORNHEIM, Gerd A. *Os filósofos pré-socráticos*. São Paulo: Cultrix, 1999.

BRITO, José Henrique Silveira. *Introdução à fundamentação da metafísica dos costumes de I. Kant*. Porto: Contraponto, 1994.

CABRAL, R. *Princípio de subsidiariedade*. Polis Verbo, 1987.

CAMMILIER, A. F. *Le principe de subsidiarité*. Paris, Mémoire D.E.A. Droit Communautaire, II, 1991.

CAMPOS, Diogo Leite de. Lições de direitos da personalidade. *Boletim da Faculdade de Direito*, Coimbra, 1991.

CAMPOS, German Bidart. La inserción de la persona humana en el estado democrático. *Revista Jurídica de Buenos Aires*, Buenos Aires, n. 1/3, p. 3-13, 1997.

CANEVACCI, Massimo. *Dialética do indivíduo*: o indivíduo na natureza, história e cultura. Trad. Carlos Nelson Coutinho. São Paulo: Brasiliense, 1981.

CANOTILHO, J. J. Gomes. *Direito constitucional e teoria da Constituição*. Coimbra: Almedina, 1999.

CAPORALE, Rocco. Algumas reflexões críticas sobre o conceito de humanismo. In: PAVIANI, Jayme; DAL RIO JÚNIOR, Arno (Orgs.). *Globalização e humanismo latino*. Porto Alegre: Edipucrs, 2000.

CARVALHO, Orlando de. *O Homem e o Tempo — Para uma Teoria da Pessoa Humana*. Porto: 1999.

CASELLA, Paulo Borba. *Comunidade Europeia e seu ordenamento jurídico*. São Paulo: LTr, 1994.

CINTRA, Fernando Pimentel. *O Princípio da subsidiariedade no direito administrativo*. Dissertação, Faculdade de Direito de São Paulo, Universidade de São Paulo, 1993.

COULANGES, Fustel de. *A cidade antiga*. 12. ed. São Paulo: Hemus, 1996.

COUTO, Monique. (Org.). *Dicionário de ética e filosofia moral*. São Leopoldo: Unisinos, 2003. Vol. 1.

COVAS, Antonio. *O princípio de subsidiariedade na Comunidade Europeia*. Évora, 1991.

CRESCENZO, Luciano de. *História da filosofia grega*, vol.2. Lisboa: Presença, 1988.

CRETELLA JÚNIOR, José. *Filosofia do direito administrativo*. Rio de Janeiro: Forense, 1999.

DALLARI, Dalmo de Abreu. *O futuro do estado*. São Paulo: Saraiva, 1972.

DANTAS, Ivo. *Princípios constitucionais e interpretação constitucional*. Rio de Janeiro: Lumen Juris, 1995.

DWORKIN, Ronald. *Levando os direitos a sério*. São Paulo: Martins Fontes, 2002.

_____. *Uma questão de princípio*. São Paulo: Martins Fontes, 2000.

ESPÍNDOLA, Ruy Samuel. *Conceito de princípios constitucionais: elementos teóricos para uma formação dogmática constitucionalmente adequada*. São Paulo: Revista dos Tribunais, 1998.

FELIPPE, Marcio Sotelo. *Razão jurídica e dignidade humana*. São Paulo: Max Limonad, 1996.

FONTAINE, P. *A construção europeia de 1945 aos nossos dias*. Gradiva: Lisboa, 1998.

GARCÍA-PELAYO, Manuel. *Las transformaciones del estado contemporáneo*. Madrid: Alianza Universidad, 1980.

GARCIA RÚBIO, Alfonso. *Unidade na Pluralidade:* o ser humano à luz da fé e da reflexão cristãs. 3. ed. São Paulo: Paulus, 2001.

GILISSEN, John. *Introdução histórica ao direito*. Trad. A. M. Botelho Hespanha e I. M. Macaísta Malheiros. Lisboa: Fundação Calouste Gulbenkian, 2001.

GOMES, Luiz Roldão de Freitas. *Noção de pessoa no direito brasileiro — Direitos da Personalidade*. Coimbra: 1993.

HARTMANN, Nicolai. *Ethics*. Trad. Staton Colt. Londres: George Allen/New York: McMillan, 1950, 3. v.

HECK, Luís Afonso. *O tribunal constitucional federal e o desenvolvimento dos princípios constitucionais:* contributo para uma compreensão da jurisdição constitucional alemã. Porto Alegre: Sergio Antonio Fabris, 1995.

HESSE, Konrad. *Elementos de direito constitucional da República Federal da Alemanha*. Trad. Luís Afonso Heck. Porto Alegre: Sergio Antonio Fabris, 1998.

HOBBES, Thomas. *Leviatã*. São Paulo: Nova Cultural, 2004.

HÖFFE, Otfried. *Justiça política:* fundamentação de uma filosofia crítica do direito e do Estado. Trad. Ernildo Stein. Petrópolis: Vozes, 1991.

_____. *Visão república mundial — democracia na era da globalização*. Porto Alegre: 2002.

HORTA, Raul Machado. Federalismo e o princípio da subsidiariedade. In: MARTINS, Ives Gandra da Silva (Coord.). *As vertentes do direito constitucional contemporâneo*. Rio de Janeiro: América Jurídica, 2002.

KANT, Immanuel. *Antropologia de um ponto de vista pragmático*. Tradução de: Clelia Aparecida Martins. (prelo-tradução do original de Immanuel Kant de 1798). São Paulo: Iluminuras, 2005. v. 1.

_____. *Fundamentação da metafísica dos costumes*. Coleção "Os Pensadores". São Paulo: Abril Cultural, 1980.

KELSEN, Hans. *Teoria geral das normas*. Porto Alegre: Sérgio Antônio Fabris, 1996.

_____. *Teoria geral do direito e do estado*. São Paulo: Martins Fontes, 2000.

_____. *Teoria pura do direito*. São Paulo: Martins Fontes, 1997.

LAFER, Celso. *A reconstrução dos direitos humanos:* um diálogo com o pensamento de Hannah Arendt. São Paulo: Cia. das Letras, 1991.

LAMSDORFF-GALAGNE, Vladimiro. Quando falta o Princípio da Subsidiariedade. In: *Digesto Econômico*, São Paulo, ano XLVI, jul./ago. 1990.

LOCKE, John. *Ensaio acerca do entendimento humano*. Trad. Anoar Aiex. Coleção "Os Pensadores". São Paulo: Abril Cultural, 2005.

_____. *Segundo tratado sobre o governo civil*. Petrópolis: Vozes, 1994.

MACHADO, Edgar de Godoi da Mata. *Contribuição ao personalismo jurídico*. Belo Horizonte: Del Rey, 1999.

MARITAIN, Jacques. *A pessoa e o bem comum*. Trad. Vasco Miranda. Lisboa: Livraria Moraes, 1962.

_____. *Para una filosofia de la persona humana*. Santiago: Editorial Letras, 1939.

MARTINEZ, Pedro G. Zorrilla. Descentralización política. In: *Problemas actuales del derecho constitucional, estudios en homenaje a Jorge Carpizo*. Instituto de Investigaciones Jurídicas, México, Universidad Nacional Autónoma de México, 1994.

MAYNEZ, Eduardo Garcia. *La definición del derecho: ensayo de perspectivismo jurídico*. México: Stylo, 1948.

MEDINA, Paulo. O princípio da subsidiariedade. In: MARTINS, Ives Gandra da Silva (Coord.). *As vertentes do direito constitucional contemporâneo*. Rio de Janeiro: América Jurídica, 2002.

MELLO, Celso Antonio Bandeira de. *Curso de direito administrativo*. 27. ed. São Paulo: Malheiros, 2002.

MENDES, Gilmar Ferreira. *Direitos fundamentais e controle de constitucionalidade*. São Paulo: Celso Bastos, 1998.

MESSNER, Johannes. *La cuestion social*. Madrid: Rialp, 1960.

MILLON-DELSOL, Chantal. L'état subsidiaire. Igérence et non-ingérence de l'état: le principe de subsidiarité aux fondements de l'histoire européene. Paris: Presses Universitaires de France, Léviathan — PUF, Coleção Dirigida por Stéphane Rials. Uma coleção para pensar o direito e o estado (*Une collection pour penser le droit et l'état*), 1992.

_____. *Le principe de subsidiarité*. Paris: Presses Universitaires de France, 1993.

MONTORO, André Franco. *Estudos de filosofia do direito*. São Paulo: RT, 1999.

MORAES, Walter. A Concepção Tomista de Pessoa —Um contributo para a teoria do direito da personalidade. *Revista dos Tribunais*, São Paulo, 590/14, 1984.

MORAIS, Carlos Blanco de. O princípio da subsidiariedade na ordem constitucional portuguesa. In. *Direito constitucional – Estudos em homenagem a Manoel Gonçalves Ferreira Filho*. São Paulo: Dialética, 1999.

MORIN, Edgar. *Para sair do século XX*. Rio de Janeiro: Nova Fronteira, 1986.

MOUNIER, Emmanuel. *Le personnalisme*. Paris: Presses Universitaires de France, 1951.

NOGUEIRA, Ataliba. *O Estado é meio e não fim*. São Paulo: Saraiva, 1940.

NUNES, Adérito Sedas. *Princípios de doutrina social*. 2. ed., 1961.

PÉREZ LUÑO, Antonio E. *Derechos humanos, estado de derecho y constitución*. Madrid: Tecnos, 1984.

_____. *Los derechos fundamentales*. Madrid: Tecnos, 1988.

PICO DELLA MIRANDOLA, Giovanni. *Discurso sobre a dignidade do homem*. [Oratio de hominis dignitate] Trad. Maria de Lurdes Sirgado Ganho. Lisboa: Edições 70, 1998.

PONTIER, Jean-Marie. La subsidiarité en droit administratif. In: *Revue du Droit Public et de la Science Politique en France et L'Étranger*, Paris: Librairie Genérale de Droit et de Jurisprudence, 6, nov./dez. 1986.

POZZOLI, Lafayette. *Direito comunitário europeu:* uma perspectiva para a América Latina. São Paulo: Método, 2003.

_____. *Maritain e o direito*. São Paulo: Loyola, 2001.

QUADROS, Fausto de. *O princípio da subsidiariedade na Constituição de 1976 – perspectivas constitucionais,* Vol. II, Coimbra, 1997.

_____. *O princípio da subsidiariedade no direito comunitário após o tratado da União Europeia*. Coimbra: Almedina, 1995.

ROUSSEAU, Jean Jacques. *O contrato social*. São Paulo: Martins Fontes, 1999.

RUIZ, Nuno. O princípio da subsidiariedade e a harmonização de legislações na comunidade europeia. In: *A União Europeia na encruzilhada*. Coimbra: Almedina, 1996.

SAGUES, Nestor Pedro. Princípio de subsidiariedad y princípio de antisubsidiariedad. In: *Jurisprudência Argentina*, vol II, 1980.

SALGADO, Joaquim Carlos. *A ideia de justiça em Kant*. 2. ed. Belo Horizonte: Editora UFMG, 1995.

SANCHEZ AGESTA, Luis. El principio de función subsidiaria. *Revista de Estudios Políticos*, 121: 1962.

_____. *Princípios de Teoria Política*. Madrid: Nacional, 1983.

SANTIAGO NINO, Carlos. *Ética y Derechos Humanos*. Buenos Aires: Editorial Astrea, 1989.

SANTOS, Boaventura de Souza. *Pela mão de Alice:* o social e o político na pós-modernidade. São Paulo: Cortez, 1997.

SANTOS, Fernando Ferreira dos. *O princípio constitucional da dignidade da pessoa humana*. São Paulo: Celso Bastos, 1999.

SARAIVA, Rute Gil. *Sobre o princípio da subsidiariedade: gênese, evolução, interpretação e aplicação*. Lisboa: Associação Acadêmica da Faculdade de Direito de Lisboa, 2001.

SARMENTO, Daniel. *A dimensão objetiva dos direitos fundamentais: fragmentos de uma teoria*. Belo Horizonte: Del Rey, 2003.

_____. *A ponderação de interesses na Constituição Federal*. Rio de Janeiro: Lumen Juris, 2002.

SCIACCA, Michele Federico. *História da filsofia*. vol. 1. ed. São Paulo: Mestre Jou, 1968.

SCHNEEWIND, J. B. *A invenção da autonomia*. Trad. Magda França Lopes. São Leopoldo: Unisinos, 2001.

SILVA, De Plácido e. *Vocabulário jurídico*. 2. ed. Rio de Janeiro: Forense, 1967.

SILVA, José Afonso da. A dignidade da pessoa humana como valor supremo da democracia. *Revista de Direito Administrativo*, 212: 92, 1998.

_____. *Curso de direito constitucional positivo*. São Paulo: Malheiros, 1998.

SPAEMANN, Robert. *Personas — Acerca de la distinción entre "algo" y "alguien"*. Traducción y estudio introductorio José Luis del Barco. Pamplona: EUNSA, 2000.

TAGLE, Hugo. *El princípio de subsidiariedad, in persona y derecho*: Ordem social y violencia. vol. III, 1976.

TERRA, Ricardo. *A distinção entre direito e ética na filosofia kantiana. Filosofia Política 4*. Porto Alegre: L&PM: CNPQ : FINEPE, 1987.

THOMAS, Tom. *Breve história do indivíduo*. Trad. Afonso Gonçalves. Lisboa: Dinossauro, 1997.

TOBEÑAS, Juan Castan. *Los derechos del hombre*. Madrid: Reus, 1969.

TORRES, Miguel Ayuso. O princípio de subsidiariedade e os agrupamentos supranacionais. In: *Digesto Econômico*, São Paulo, ano XLVI, maio/jun. 1990.

TORRES, Silvia Faber. *O princípio da subsidiariedade no direito público contemporâneo*. Rio de Janeiro: Renovar, 2001.

VERNANT, Jean-Pierre. *As origens do pensamento grego*. Rio de Janeiro: Bertrand Brasil, 1996.

Documentos

Encíclica: *Rerum Novarum, Actae Apostolicae Sedis,* Leão XIII, 15 de maio de 1891.

Encíclica: *Quadragesimo Anno, Actae Apostolicae Sedis,* Pio XI , 15 de maio 1931.

Encíclica: *Mater et Magistra, Actae Apostolicae Sedis,* João XXIII, 15 de maio de 1961.

Encíclica: *Pacem in Terris, Actae Apostolicae Sedis,* João XXIII, 11 de abril de 1963.

Encíclica: *Centesimus Annus, Actae Apostolicae Sedis,* João Paulo II, 1º de maio de 1991.